IMPORTAÇÃO
INTELIGENTE

CARO(A) LEITOR(A),
Queremos saber sua opinião
sobre nossos livros.
Após a leitura, siga-nos no
linkedin.com/company/editora-gente,
no TikTok **@editoragente**
e no Instagram **@editoragente,**
e visite-nos no site
www.editoragente.com.br.
Cadastre-se e contribua com
sugestões, críticas ou elogios.

RODRIGO GIRALDELLI

IMPORTAÇÃO
INTELIGENTE

Como usar a importação para se diferenciar no mercado,
reter mais clientes, gerar lucro e escalar o seu negócio

Diretora
Rosely Boschini

Gerente Editorial Sênior
Rosângela de Araujo
Pinheiro Barbosa

Editora
Rafaella Carrilho

Assistente Editorial
Mariá Moritz Tomazoni

Produção Gráfica
Leando Kulaif

Coordenação Editorial
Franciane Batagin |
FBatagin Editorial

Preparação
Elisabete Franczak Branco

Capa
Plinio Ricca

Projeto Gráfico
Márcia Matos

Adaptação e Diagramação
Gisele Baptista de Oliveira

Revisão
Débora Spanamberg Wink

Ilustração p. 33
Luyse Costa

Impressão
Assahi

Copyright © 2024 by Rodrigo Giraldelli
Todos os direitos desta edição
são reservados à Editora Gente.
R. Dep. Lacerda Franco, 300 – Pinheiros
São Paulo – SP – 05418-000
Telefone: (11) 3670-2500
Site: www.editoragente.com.br
E-mail: gente@editoragente.com.br

Dados Internacionais de Catalogação na Publicação (CIP)
Angélica Ilacqua CRB-8/7057

Giraldelli, Rodrigo
    Importação inteligente : como usar a importação para
se diferenciar no mercado, reter mais clientes, gerar lucro
e escalar o seu negócio / Rodrigo Giraldelli. - São Paulo :
Autoridade, 2024.
    176 p.

ISBN 978-65-6107-021-8

1. Negócios 2. Importação I. Título

24-4441   CDD 650.1

Índices para catálogo sistemático:
1. Negócios

NOTA DA PUBLISHER

• • • •

Entre as novas tecnologias, a concorrência acirrada, a internet e as mudanças intensas no universo de venda de produtos, empresários e empreendedores precisam inovar para se destacar no mercado. Estamos falando de dezenas de novas empresas criadas todos os dias, com preços competitivos, produtos bons e baratos e vitrines (on-line e off-line) bem-executadas. Isso sem contar a concorrência das grandes empresas, que possuem margem mais alta, boa entrega e valor de investimento para fazer crescer exponencialmente o negócio.

Como resultado, então, uma das maiores dificuldades enfrentadas por pequenos e médios empreendedores é oferecer produtos a preços competitivos sem sacrificar a própria margem de lucro. Afinal, é na margem que impulsionamos o faturamento, melhoramos a receita e, consequentemente, crescemos.

É aqui que Rodrigo Giraldelli faz a diferença, mostrando que a melhor estratégia para uma operação lucrativa é a compra eficiente de mercadorias a partir da importação. Com mais de vinte de anos de experiência e dezenas de viagens à China, Rodrigo é uma referência no setor e não apenas desvendou o caminho da importação, mas fundou uma das maiores consultorias do país no segmento, a China Gate Importação, além de compartilhar todo o seu conhecimento em seu canal do YouTube, @chinagate.

Não basta comprar ou vender mais, é preciso comprar com estratégia. E este é um mercado ainda inexplorado, vasto e complexo, porém muito vantajoso, que pode ser aproveitado com conhecimento e método. Aprender a navegá-lo é uma vantagem competitiva valiosa para o mercado atual.

Com este livro, você entenderá como importar com segurança e rentabilidade, escolher os produtos certos e gerenciar bem a operação, mas também como ter a sua marca própria, personalizar produtos e aumentar o valor agregado do que você vende, garantindo margens maiores de lucro.

Se você é empreendedor e quer se destacar no mercado, tem em mãos uma oportunidade única de descobrir como importar de maneira inteligente e transformar isso no diferencial competitivo do seu negócio. Esta é uma leitura enriquecedora, e será o primeiro passo rumo à expansão empresarial.

Prepare-se para uma jornada que pode transformar sua vida e seus resultados financeiros.

ROSELY BOSCHINI
CEO e Publisher da Editora Gente

BÔNUS

Acesse o QR Code abaixo ou digite www.rodrigogiraldelli.com.br/livro no seu navegador e ganhe um curso exclusivo!

Dedico este livro ao meu pai, que partiu repentinamente e muito cedo da Terra. Ele nem soube o tanto que me ensinou por meio das suas histórias e do seu exemplo. Em sua simplicidade, carinho e dedicação, formou o homem que sou hoje. Tenho certeza de que ele ficaria feliz de ver este livro sendo publicado.

AGRADECIMENTOS

● ● ● ●

Sempre tive vontade de escrever um livro, mas nunca tinha me arriscado a tal desafio. Durante anos fui amadurecendo a ideia até que achei o momento ideal.

Todo o processo, da ideia inicial ao roteiro, da redação ao lançamento, fui acompanhado por pessoas muitas especiais às quais devo os meus melhores agradecimentos.

Começo agradecendo a Deus por ter cuidado de mim durante a minha jornada até aqui.

Quero agradecer aos meus familiares, especialmente à minha mãe, Neusa. Ela está sempre orando por mim e, com muito carinho e zelo, segue me incentivando, mesmo naqueles momentos em que me considera arriscado demais nos negócios. Ainda assim, está ao meu lado apoiando as minhas ideias e acreditando no meu potencial. Aos meus irmãos, Rogério e Rejaine, que estão sempre torcendo por mim.

Muito obrigado também à minha esposa, Grace, que tem um papel fundamental na minha vida. Ela é a pessoa que me fala aquilo que ninguém mais tem coragem de falar, que é a minha bússola para que eu viva melhor, que sempre me incentiva, me apoia e acredita naquilo em que eu também acredito. Sou muito grato por tê-la ao meu lado todos os dias.

Registro os meus agradecimentos aos meus clientes. Eles, que confiam no que eu digo e nos meus ensinamentos, mas que também depositam confiança em minha empresa, a China Gate. O nosso vínculo nos torna parceiros, afinal, sem clientes eu não teria empresa, e sem empresa muitos clientes não conseguiriam alcançar o patamar em que se encontram hoje. É uma ajuda mútua e próspera.

Aos meus colaboradores no Brasil e na China, tanto aqueles que continuam comigo como aqueles que já estiveram em algum momento ao longo dos anos. A contribuição de vocês me ajudou a chegar até aqui.

Não poderia deixar de agradecer aos vários mentores e consultores de negócios que me auxiliaram na jornada, em especial a dois deles.

Primeiro, ao Victor Damásio, que fez o prefácio deste livro e lidera um grupo incrível do qual participo, o MasterMásio. Agradeço a todos os participantes do MasterMásio que sempre colaboram com insights poderosos de negócio, muitas vezes indicam caminhos e até apontam erros quando necessário.

Depois, não posso deixar de agradecer ao meu grande amigo, consultor e mentor de vida e de negócios, Mauricio Bernardes, que tem uma contribuição muito importante na minha jornada.

Por fim, mas não menos importante, agradeço ao time incrível da Editora Gente, que me guiou e cuidou de cada detalhe para que este projeto chegasse até as suas mãos.

A todos vocês, o meu muito obrigado!

SUMÁRIO

PREFÁCIO_____15

INTRODUÇÃO_____17

CAPÍTULO 1
**Comércio exige espírito
de sobrevivência**_____23

CAPÍTULO 2
**Empreender é um
sonho possível**_____39

CAPÍTULO 3
**Importe a sua
marca própria**_____49

CAPÍTULO 4
**Etapa 1: escolha
do produto certo**_____63

CAPÍTULO 5
**Etapa 2: pesquisa
de mercado**_____77

CAPÍTULO 6
**Etapa 3: cotação de
produtos e simulação
de custos**_____89

CAPÍTULO 7
**Etapa 4: necessidade
de capital**_____109

CAPÍTULO 8
**Etapa 5: criação
da empresa**_____121

CAPÍTULO 9
Etapa 6: a importação_____131

CAPÍTULO 10
Agora é só vender_____151

CAPÍTULO 11
**A sua mudança
de vida começa já!**_____169

PREFÁCIO
DE VICTOR DAMÁSIO

• • • •

O NÚMERO 1 EM IMPORTAÇÃO

C onheci o Rodrigo Giraldelli em 2014 e, naquela época, ele já importava há mais de dez anos. São dezenas de anos de experiência, e, mesmo operando milhares de importações por ano, ele segue se aperfeiçoando. Sem parar.

Ao longo desses anos, pude testemunhar a sua incansável busca pelo conhecimento, investindo alto para se tornar a maior contribuição que pode ser para os seus clientes, alunos e mentorados. Sempre pagou o preço para se sentar nas mesas certas e buscar os conhecimentos e as conexões necessárias. Seja no Brasil, na China ou em qualquer lugar ao redor do mundo.

Em um mercado tão burocrático, difícil, cheio de detalhes e com uma legislação rigorosa a ser cumprida,

Rodrigo sempre trouxe inovação, simplicidade, clareza e acesso a tudo o que faz. Antes dele, importar era apenas para os grandes. Os menores nem consideravam essa hipótese. Era impossível. Fora do alcance. Mas ele foi lá e deu acesso também a essas pessoas.

Antes era caro e complexo. Até os termos e siglas eram difíceis. Então ele encontrou uma forma simples de fazer melhor, cobrar menos e, ainda assim, rodar uma operação lucrativa. E nasceram os contêineres compartilhados!

Ele difundiu, popularizou e tornou possível mesmo para o pequeno negócio.

Este livro é sobre isso. Sobre dar acesso. Com estas páginas, mais uma vez ele pegou o conhecimento que antes era caro e inacessível e colocou nas mãos de todos que queiram de verdade aprender.

Agora cabe apenas a você fazer valer e levar esses ensinamentos para a sua empresa e a sua vida. Não adianta só ler. Tem que executar. Colocar em prática.

Este livro não só encurta o caminho da China, ou de qualquer outro país no exterior, para o Brasil, mas encurta o seu caminho para a sua primeira ou próxima importação. O passo a passo está aqui.

Uma única importação pode mudar para sempre a sua realidade. Faça valer!

VICTOR DAMÁSIO
Mentor de mentores
⊕ vidadementor.com.br

INTRODUÇÃO

Quem tem um comércio sabe muito bem como a concorrência está cada vez mais acirrada. Além da grande oferta de produtos, a facilidade em comprar de qualquer lugar e em qualquer horário por meio da internet cria um mercado em que você não concorre apenas com a outra loja do bairro, mas com qualquer loja, independentemente de onde esteja localizada. Isso coloca o consumidor no centro das atenções: ele escolhe onde vai comprar e até mesmo o quanto quer pagar, e isso torna muito mais fácil o caminho para ele.

Porém, proponho aqui uma análise pelo ponto de vista do empreendedor. Nesta concorrência acirrada para se manter competitivo, uma das estratégias mais comuns é baixar a margem de lucro. Mas o que se mostra até uma boa ideia no dia a dia, revela-se um horror no fim do mês. A margem baixa compromete a lucratividade e, consequentemente, a operação e a sobrevivência do seu negócio. Sem dinheiro em caixa – às vezes, não sobra nem para o pró-labore –, a empresa fica em risco. Não há como crescer, não há como inovar, não há como pagar mais funcionários, e por aí vai. Essa situação acaba refletindo até na vida pessoal. Afinal, 66% dos brasileiros que abrem um negócio próprio o fazem justamente para ter uma renda mensal mais alta e crescer financeiramente.[1] Quando isso não acontece, não há como manter equilíbrio familiar.

Mas como fazer para que o produto que você vende – ou que pensa em vender um dia – tenha um preço final que agrade o consumidor e, ao mesmo tempo, entregue uma margem de lucro alta?

A resposta é mais simples do que você imagina. Comprando bem. Isso mesmo! O problema não está no preço final do produto, mas na compra dele. É preciso buscar fornecedores que trabalhem com preços mais baixos, e logo você conseguirá uma margem maior e aumentar o caixa.

Eu me deparei com essa mesma questão em 2001, e conhecer essa história vai ajudar a entender por que resolvi escrever este livro. Na época, trabalhava como consultor financeiro e um cliente me procurou: "Rodrigo, preciso reduzir custos. O que faço?".

Como especialista em finanças, me debrucei em estratégias para resolver a dor do meu cliente. E a melhor

---

1 GEM 2023/2024 Global Report: 25 years and growing. Londres: **Global Entrepreneurship Research Association**, 2024. Disponível em: www.gemconsortium.org/file/open?fileId=51377. Acesso em: 16 set. 2024.

que encontrei foi importar os produtos que ele vendia diretamente da China com um preço mais baixo. Isso aumentaria a sua margem de lucro e manteria o preço para o consumidor. Até aquele momento, nunca tinha trabalhado com esse tipo de negócio, e existiam pouquíssimas pessoas que entendiam do assunto. A saída foi aprender fazendo. Como teste, optamos por uma primeira importação pequena. E deu certo.

Continuei ajudando-o, inclusive fui à China diversas vezes para acompanhá-lo nessas negociações, até que surgiram outros clientes, depois apareceu a oportunidade de dar aulas de importação e eis que, mais de vinte anos depois, 30 viagens para a China, uma empresa especializada em importação, a China Gate, com 61 colaboradores no Brasil, oito colaboradores na China, um armazém também na China e de ter o maior Instagram e o maior canal do YouTube deste segmento, estou aqui ensinando tudo o que sei neste livro.

Vale destacar que temos poucas empresas no Brasil com esse tipo de operação. Calculo que cerca de apenas 2% usam a importação de maneira estratégica, o que mostra um mercado gigantesco a ser explorado pelas empresas brasileiras. E quem sair na frente, quem entender desse assunto, pode levar a própria empresa a outro nível.

Um exemplo de quem faz essa operação com maestria é a Chilli Beans. A marca produz quatro milhões de óculos por ano com fabricação 100% chinesa. Isso mesmo. Todos os óculos da Chilli Beans sendo vendidos

Introdução **19**

pelo país foram feitos no exterior. A empresa cria a coleção no Brasil e envia os desenhos para a China. Os óculos são fabricados lá e depois vendidos aqui,[2] com qualidade até superior à de muitos produtos nacionais. E por que a marca faz esse tipo de negócio? Porque compensa. Mesmo pagando impostos e todas as taxas legais necessárias, o preço fica mais baixo do que o produto fabricado aqui dentro. Dependendo do segmento, essa redução de preço do produto manufaturado chega a quase 50%. E tem mais: já chega aqui com a sua marca estampada.

O melhor é que empresas de qualquer porte podem fazer a importação. Eu já trabalhei com empresas que importavam pequenos objetos, como acessórios para celular e canetas, até produtos mais complexos, que exigiam um trâmite bem específico. Todas elas, sem exceção, conseguiram aumentar a margem de lucro comprando sua mercadoria no exterior e vendendo no Brasil.

Basta ter um CNPJ aberto e saber o jeito certo de fazer. Nas próximas páginas, vou mostrar o passo a passo para você aprender todo o caminho para empreender por meio da importação com a sua marca própria –

---

2 ROVAROTO, I. Antes, tem de fazer milagre em casa: os aprendizados da Chilli Beans ao sair do Brasil. **Exame**, 18 jun. 2024. Disponível em: https://exame.com/revista-exame/antes-tem-de-fazer-milagre-em-casa/. Acesso em: 30 set. 2024.

desde a escolha do produto certo, pesquisa de mercado, cotação dos produtos, avaliação do capital a ser investido, importação, questão de impostos e fiscalização aduaneira. Também vou falar sobre vendas.

Apesar de a China ser o principal mercado manufaturador do mundo, uma vez que você aprendeu esse caminho, estará preparado para operar em qualquer país que ofereça negociações vantajosas para a sua empresa. E existem vários. Tudo vai depender do tipo de produto que você quer vender e das oportunidades que encontrar.

Você vai ver que importar pode até ser uma questão complexa, mas totalmente viável. Seja para um empreendedor que já tenha negócio próprio ou para quem sonha em empreender e não sabe como começar.

Leitor e leitora, eu os convido a vir comigo nesta jornada de conhecimento que vai abrir sua mente para novas possibilidades e mudar sua vida.

Vamos lá?

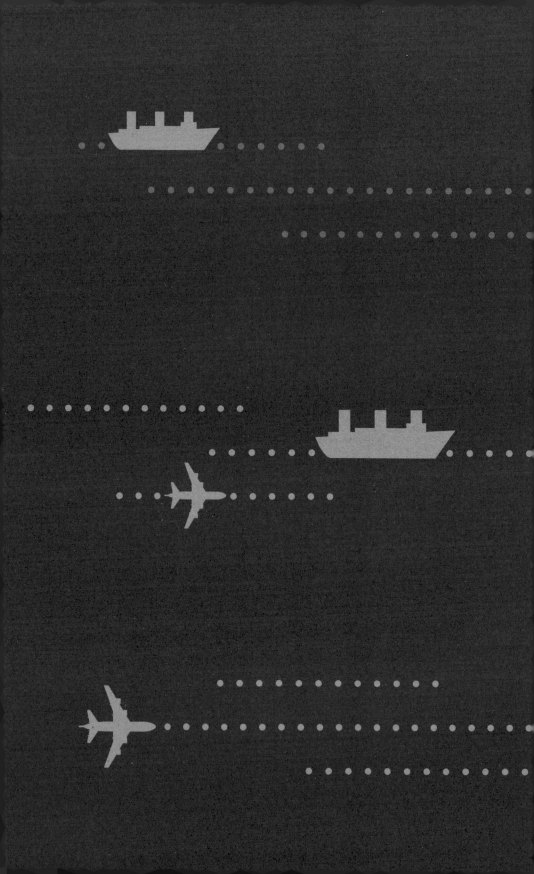

CAPÍTULO 1

Comércio exige espírito de sobrevivência

Embora não haja uma data certa que marque o início do comércio, sabe-se que há milhares de anos a humanidade encontrou uma maneira de obter produtos, primeiro por meio da troca dos excedentes da produção e depois por meio da compra e venda.

Os primórdios dessa atividade de trocar um produto por outro surgiu por conta da evolução da organização da própria sociedade. Na era primitiva, não havia necessidade dessa troca, pois as pessoas tinham funções bem definidas e cada um colaborava para que todos do grupo vivessem adequadamente. Enquanto os homens caçavam para o sustento da comunidade e eram responsáveis pela construção e proteção das moradias, cabia às mulheres cultivar a terra e cuidar das crianças e dos idosos. Porém, com o passar do tempo, o homem percebeu que existia um excedente de produção que poderia valer algo. A partir daí, sem nenhuma intenção de gerar lucro, as trocas passaram a ser feitas primeiro entre as comunidades e, posteriormente, entre os indivíduos de um mesmo grupo. Cada um cedia o excedente do que tinha. Um cedia o excedente do produto A, enquanto o outro fazia o mesmo com o produto B, o que chamamos de escambo.

Depois disso, a história evoluiu muito, e a produção excedente, que antes representava um acaso, passou a ser intencional (aumentando a disputa por produtos e, consequentemente, o valor deles) e o dinheiro entrou na jogada. E assim fomos caminhando até os dias atuais, em que o comércio foi ampliado em âmbito global.

Falando assim até parece que a história se desenrolou de maneira linear e sem intercorrências. Mas claro que não foi assim. **Trocar e vender produtos sempre foi um desafio.** Um dos primeiros problemas que surgiram foi mensurar o valor das mercadorias a serem trocadas. Com o amadurecimento do comércio, as pessoas se deram conta de que algumas coisas poderiam ter valor maior que outras. Assim, trocar um quilo de batatas por um quilo de carne, por exemplo, já não era bem-visto,[3] pois se concluía que as carnes eram mais valorizadas. Outro problema surgiu com a popularização das moedas que, no início, eram cunhadas em ouro e prata, metais muito

---

3 BESSA FILHO, M. S. C. M. R. **A origem do comércio e do comerciante.** Monografia (Graduação em Ciências Econômicas) – Universidade Federal do Paraná, Curitiba, 2005. Disponível em: https://acervodigital.ufpr.br/xmlui/bitstream/handle/1884/75945/MAURO-SERGIO-C-M-R-BESSA-FILHO.pdf?sequence=1&isAllowed=y. Acesso em: 15 set. 2024.

TROCAR E VENDER PRODUTOS SEMPRE FOI UM DESAFIO.

IMPORTAÇÃO INTELIGENTE
@rodrigogiraldelli

preciosos. Mas a escassez das jazidas tornou a fabricação difícil.[4]

Eu citei apenas dois exemplos, mas o que pretendo é mostrar que, tal como lá, viver do comércio continua sendo um desafio para quem está neste mercado. Provavelmente, você já passou por algum cenário desafiador ou já se deparou com alguém que fala como é difícil viver do comércio, que a concorrência é absurda, que conquistar clientes é trabalho árduo, que a margem de lucro é muito baixa e assim por diante.

Mas, se por um lado os desafios sempre fizeram parte da vida do empreendedor, por outro surgiram oportunidades com a globalização da economia e também com a abertura econômica do Brasil para as importações, a partir da década de 1990. Com isso, as barreiras antigas, que deixavam o nosso país fora do comércio internacional, começaram a cair, e isso abriu caminho não só para que produtos nacionais fossem distribuídos pelo mundo, mas também para que produtos fabricados lá fora entrassem no país com mais facilidade.

---

4 BARRETO, P. História – dinheiro não é vendaval. **IPEA**, ano 6, edição 53, 2009. Disponível em: www.ipea.gov.br/desafios/index.php?option=com_content&view=article&id=2274:catid=28&Itemid=23. Acesso em: 15 set. 2024.

Antes disso, era extremamente caro e burocrático importar, o que tornava a operação inacessível para a maioria dos brasileiros. Quase ninguém tinha computador, videogame, aparelho de telefone e até coisinhas pequenas, como aquela mochila descolada que era sucesso nos Estados Unidos ou aquele conjunto de canetinhas importado. Aliás, quem tinha algum objeto vindo de fora era considerado uma pessoa "rica".

Você não viveu essa época, então não tem a mínima noção do que é viver apartado do mundo externo? Sugiro conversar com seus pais, tios, avós e qualquer pessoa que tenha nascido até os anos 1980, para que eles contem como o nosso país era atrasado.

Isso porque um país fechado às importações e exportações não mexe apenas com as necessidades de consumo da população, mas também com a própria economia; afinal, países que fazem negócios entre si geralmente são mais ricos. Ninguém é autossuficiente, mesmo países mais desenvolvidos têm um ponto fraco que podem suprir com a ajuda de outro país. E, se não aproveitamos esse mercado, logo ficamos para trás.

Quem se lembra da frase do então presidente Fernando Henrique Cardoso, em 1991, que, durante a posse de um de seus ministros, declarou: "Ou se exporta ou se morre". Naquele período eu fazia minhas primeiras importações, e aquela frase me marcou profundamente. Para o presidente, exportar era a oportunidade

Comércio exige espírito de sobrevivência

de melhorar a qualidade dos produtos locais e, principalmente, fazer a economia crescer.[5]

Então, quando eu penso em comércio, não consigo desassociá-lo da importação. Isso está no meu dia a dia. Acompanhei toda a transformação pela qual o Brasil passou, e digo com certeza que esse pode ser um caminho para muitos empreendedores que já têm um comércio ou para quem está pensando em abrir algo novo.

O problema é que poucos empreendedores se deram conta desse poder da importação e ainda estão apegados ao antigo jeito de trabalhar: comprando e revendendo produtos. Ou seja, compram no atacado e vendem no varejo. Até aí não há mistério. É uma operação normal de compra e venda.

A questão é que, agindo assim, ele resolve uma necessidade do cliente – que quer conveniência ao encontrar o produto que procura na loja –, mas causa um problema imenso para si mesmo. É que nessa negociação ele age como um simples intermediador: compra ali e vende aqui.

E aí o desafio, que era escolher o produto certo para vender e conquistar mais clientes, ganha outro fator, que é a margem de lucro. Ele precisa comprar esse produto a um preço muito bom, que lhe permita vendê-lo a um valor

---

5 SILVEIRA, W. "Exportar ou morrer" é o novo grito de independência, diz FHC. **Folha de S.Paulo**, 24 ago. 2001. Disponível em: www1.folha.uol.com.br/fsp/dinheiro/fi240 8200117.htm. Acesso em: 15 set. 2024.

compatível com o da concorrência e, ao mesmo tempo, com uma margem satisfatória para financiar a operação e garantir o crescimento financeiro da empresa e de si próprio. Porque, **no fim do dia, quando fecha as portas da loja, todo empresário olha para o negócio com o desejo de crescer e atingir outros níveis na vida.**

Você pode até pensar que trabalhar com margem baixa não seja um problema para quem tem giro alto de produtos. Mas isso é um engano. Vamos a uma equação simples: giro alto + produtos com preço baixo = muitas vendas. Mas será que só vender muito é a solução? Pense: um produto que vende muito exige estoque grande, mas se você não tem boa margem, como vai fazer estoque? A resposta é uma grande quantia de capital investido. Mas será que a margem baixa compensa esse investimento? Ou seja, mesmo vendendo, você pode levar a sua empresa para o buraco.

Comerciante-malabarista

Mas, como o empresário compra mal, cada vez fica mais difícil manter esse equilíbrio financeiro. Em vez de ser um empresário, ele vira, na verdade, um malabarista. Sabe aquele malabarista de pratos no circo? Pois bem, esse é o perfil do comerciante brasileiro. Ele equilibra um prato, sai correndo para equilibrar outro que está começando a cair. Aí volta ao primeiro, para que não caia, e assim vai vivendo.

NO FIM DO DIA, QUANDO FECHA AS PORTAS DA LOJA, TODO EMPRESÁRIO OLHA PARA O NEGÓCIO COM O DESEJO DE CRESCER E ATINGIR OUTROS NÍVEIS NA VIDA.

IMPORTAÇÃO INTELIGENTE
@rodrigogiraldelli

Isso traz uma sensação de angústia e impotência muito grande, pois uma margem baixa não deixa respiro para o lojista. Esse cenário ficou muito evidente para todos nós com a pandemia da covid-19, decretada em 2020 e que se estendeu por mais de um ano. Muitas empresas fecharam porque não tinham como sobreviver sem vender. Uma análise feita pelo Cemec--Fipe (Centro de Estudos de Mercado de Capitais da Fipe) em março de 2020, logo no início da pandemia, com 245 companhias abertas brasileiras, observou que 23,3% delas já teria caixa negativo após um mês sem entrada de receita, mas ainda mantendo pagamentos a fornecedores e outras obrigações financeiras, como salários e aluguéis; 37,1% após o segundo mês e quase metade delas (48,6%) fechariam no vermelho após o terceiro mês.[6] Observe que a análise foi feita com companhias com capital aberto na bolsa que, em teoria, seriam as maiores e mais fortes do país e com disponibilidade de capital para financiar suas operações.

A situação das empresas menores é ainda mais difícil. Outro levantamento, feito pela XP Investimentos, também em março de 2020, mostrou que, entre os micro e pequenos negócios, apenas 41% resistiriam até trinta dias ao fechamento das lojas. As demais apresentariam problemas no caixa antes disso.[7] De fato, o que aconteceu na prática foram empresas já sem caixa após quinze dias do fechamento do comércio. Sem vendas, as empresas simplesmente não têm sobra de caixa para operar por muito tempo.

---

6 SALOMÃO, K. Como está o caixa das empresas abertas para sobreviver à pandemia? **Exame**, 3 abril 2020. Disponível em: https://exame.com/negocios/como-esta-o-caixa-das-empresas-abertas-para-sobreviver-a-pandemia/. Acesso em: 15 set. 2024.

7 JULIBONI, M. Coronavírus: 40% das empresas brasileiras aguentam, no máximo, 30 dias. **MoneyTimes**, 27 mar. 2020. Disponível em: www.moneytimes.com.br/coronavirus-40-das-empresas-brasileiras-aguentam-no-maximo-30-dias/. Acesso em: 15 set. 2024.

Outro exemplo foram as enchentes que paralisaram várias cidades gaúchas em 2024. Foi quase um mês com tudo alagado e depois mais um tempo para recuperar tudo o que foi perdido. Responda com sinceridade: se algo desse tipo afetasse o seu negócio hoje, quanto tempo você sobreviveria sem ter que mexer nas finanças pessoais (se é que elas existem) para segurar a operação?

Ah, mas esses são cenários muito específicos, você pode pensar. Nunca tínhamos passado por algo parecido. Bom, tenho que ser muito sincero com você. Pandemias podem voltar a ocorrer em um mundo tão conectado como o nosso atualmente. Enchentes? O clima está cada vez mais desequilibrado, o que pode, sim, provocar situações climáticas extremas como as ocorridas no Rio Grande do Sul. Mas, tudo bem, isso ainda são previsões dos especialistas que a gente espera que sejam evitadas e que não se concretizem.

Mas você já pensou que uma mudança de governo pode afetar o seu comércio? Aí não é algo tão específico assim. Toda mudança de governo é um momento tenso para o empreendedor. E se você não tem uma empresa lucrativa, pode facilmente se colocar em uma situação de risco.

A consequência dessa gestão desequilibrada é um caixa deficiente que não lhe permite evoluir: não contrata mais (e acaba assumindo múltiplas funções), não cuida adequadamente da manutenção da loja ou dos recursos do site, não investe em novos produtos para atrair mais clientes, não investe em divulgação, entre outros fatores que estagnam o negócio. Até mesmo o salário do dono deixa de ser pago, e o dos funcionários é pago com muita dificuldade no fim de cada mês. O proprietário acaba colhendo migalhas e, mesmo assim, o caixa fecha no vermelho.

A situação fica tão extrema que, às vezes, o melhor a se fazer é fechar as portas. Esse fim é drástico, mas acontece com cada vez mais empresas brasileiras e cada vez mais cedo. De acordo com um levantamento da BigDataCorp, a proporção de empresas que fecham após apenas três anos de atividade é de 51,15%. E a cada ano de vida esse número sobe. Em cinco anos, a taxa de fechamento atinge quase 89% e, após uma década, 99% das empresas já encerraram sua operação.[8]

Mas ninguém empreende para chegar a uma situação como essa. Ninguém empreende pensando que, se não der certo, é só fechar a empresa. É um investimento alto demais para ser jogado fora. Mas são tantos problemas juntos que acaba virando uma bola de neve. Daquelas que começam pequenas, mas vão aumentando de tamanho com o passar do tempo. Quando se dá

---

8 NAKAMURA, J. Brasil tem saldo positivo na abertura de empresas, mas maioria não passa de 3 anos, mostra pesquisa. **CNN Brasil**, 10 jun. 2024. Disponível em: www.cnnbrasil.com.br/economia/negocios/brasil-tem-saldo-positivo-na-abertura-de-empresas-mas-89-nao-passam-de-5-anos-diz-pesquisa/. Acesso em: 15 set. 2024.

conta, essa bola está tão grande, que fica difícil carregar. Mas sabe por que você continua tentando carregá-la? Siga comigo que vou dar a resposta.

CAPÍTULO 2

Empreender é um sonho possível

Brasileiro já nasce com o chip do empreendedorismo, é verdade. Se você olhar ao redor, vai encontrar facilmente quem tenha um negócio próprio. Essa observação é comprovada estatisticamente também. De acordo com o Global Entrepreneurship Monitor (GEM) de 2023, principal pesquisa sobre empreendedorismo do mundo, o Brasil ocupa o segundo lugar quando falamos em empreendedores potenciais. À nossa frente, apenas a Índia.

Entende-se como empreendedores potenciais aqueles que não têm um negócio próprio, mas que gostariam de ter em até três anos. Fora isso, temos ainda 42 milhões de pessoas que já têm um negócio ou que se movimentaram de alguma maneira para se preparar para ter um negócio próprio no futuro. Somando esses dois contingentes, são 90 milhões de empreendedores no Brasil, o que coloca o país na oitava posição entre as nações mais empreendedoras do mundo.[9]

---

[9] UM país de 90 milhões de empreendedores. **Sebrae**, 12 abr. 2024. Disponível em: https://agenciasebrae.com.br/dados/um-pais-de-90-milhoes-de-empreendedores/. Acesso em: 15 set. 2024.

Aqui vale uma pausa. De acordo com o Censo Demográfico 2022, do IBGE (Instituto Brasileiro de Geografia e Estatística), a população brasileira na faixa dos 20 a 64 anos é de 126.406.452 pessoas.[10] Se os dados da GEM mostram que o país tem 90 milhões de empreendedores – e a pesquisa leva em consideração pessoas entre 19 e 64 anos, denominada população ativa –, portanto, temos 71,2% do país empreendendo. Então aquela impressão de que todo mundo está empreendendo ou tem vontade de empreender não surge à toa. O Brasil gosta mesmo de empreender, e esse é um sonho que só perde para viajar pelo Brasil e comprar a casa própria. Aparece antes mesmo de comprar um carro ou viajar para o exterior.[11]

Portanto, queremos ter o nosso próprio negócio. E mais: quem empreende acredita no potencial que tem. É uma pessoa inquieta, que não se contenta em viver de CLT, que vê uma chance de crescer sendo empresário, dono de loja, comerciante. Porém, do outro lado da corda surgem os problemas que acabam colocando em dúvida todo esse vigor, toda essa vontade de

---

10 PIRÂMIDE etária: conheça o Brasil, população. Censo 2022. **IBGE Educa**, 2023. Disponível em: https://educa. ibge.gov.br/jovens/conheca-o-brasil/populacao/18318-piramide-etaria.html. Acesso em: 15 set. 2024.

11 PESQUISA GEM 2023. **Sebrae**, março 2024. Disponível em: https://agenciasebrae.com.br/wp-content/uploads/2024/04/Apresentacao-PPT-GEM-BR-2023-FINAL-V3-3. pdf. Acesso em: 15 set. 2024.

empreender. Assim, se quando uma empresa é aberta o sentimento é de vitória, quando as coisas não andam bem os sentimentos de derrota e de medo superam aquele gosto inicial.

O empreendedor não sabe o que fazer. Tem medo de perder o dinheiro que investiu naquele sonho, então se enche de angústia e fica com a sensação de que todo mundo consegue prosperar, exceto ele. E, por mais que seja o primeiro a chegar e o último a ir embora, não sai do mesmo lugar.

"Por que eu não consigo?"

Em minha carreira como consultor financeiro, ouvi essa pergunta diversas vezes. Mas uma me marcou muito. Um cliente me procurou porque a situação da empresa não estava boa. Relatou que não tinha salário havia alguns meses e que a sensação de derrota era constante em sua vida. Até os funcionários estavam melhor que ele, já que o salário deles era pago mensalmente. Além das contas atrasadas, ele via também seu casamento ruindo. Era uma situação drástica que necessitou de uma intervenção na empresa.

Mas a crise pela qual esse cliente estava passando não era decorrente da má gestão. Ele precisava de mais conhecimento. Infelizmente, o brasileiro, apesar de ser tão empreendedor, carece de conhecimento sobre o comércio. Um ponto que a pesquisa GEM detectou foi a

Empreender é um sonho possível **43**

fragilidade do ensino de empreendedorismo no Brasil. Não somos ensinados a empreender, que é justamente a capacidade de enxergar oportunidades e investir tempo e recursos para explorá-las.[12] Mas, se isso não se aprende na escola, é preciso aprender na prática, seja se jogando no mercado ou trabalhando em algum comércio. É um aprendizado por observação.

Existe ainda o perfil de pessoa que tem pressa de crescer e, como não consegue esse progresso trabalhando como CLT, encontra no empreendedorismo a chance de ascensão rápida. E aí se joga no mercado com pouquíssimo conhecimento. Esse tipo de empreendedor beira a superficialidade. Ele vê alguém dando certo vendendo o produto X na internet e acha que pode fazer igual. Depois vê o produto Y dando certo, e simplesmente começa a vender também. Ele nem sabe direito o que está fazendo.

Esse estilo de vida acelerado, volátil e superficial já recebeu até um nome: sociedade líquida, cunhada pelo pensador polonês Zygmunt Bauman. Para ele, uma substância líquida escorre por todos os lados e espalha-se sem direção, sem ritmo, sem forma ou padrão. E é essa condição que caracteriza o

---

[12] EMPREENDEDORISMO: o que é, importância e como se tornar um? **FIA Business School**, 4 jun. 2021. Disponível em: https://fia.com.br/blog/empreendedorismo/. Acesso em: 15 set. 2024.

comportamento da sociedade atual.[13] Pode ser que esse empreendedor dê certo? Sim, e seu crescimento será exponencial. Mas também pode dar muito errado, porque no comércio não há garantia de nada. Se, mesmo dominando a área, os problemas de gestão surgem, imagine o que acontece a quem se arrisca sem preparo?

Nessa conta é preciso colocar a alta carga tributária que o empresário é obrigado a recolher e, consequentemente, repassar para o cliente. E ainda lidar com o manicômio tributário do país: impostos federais, estaduais, municipais, alíquotas diferentes, recolhimento que muda de um estado para outro. E o empresário precisa gerenciar toda essa questão. Pois se não recolhe o imposto da maneira adequada é multado. E as multas são altíssimas. Isso sem contar os encargos trabalhistas, que encarecem demais a operação.

Esperar que tudo dê certo sem se preparar é um grande erro. O empresário, muitas vezes, acha que só precisa de tempo e dedicação para a empresa entrar nos trilhos novamente. Não pensa em um plano B para salvar a situação. E fica tão preso a esses problemas que não consegue pensar em como melhorar o negócio,

---

13 CARDOSO, M. O que é o amor líquido e por que é cada vez mais difícil escapar dele. **Vida Simples**, 3 fev. 2022. Disponível em: https://vidasimples.co/colunista/o-que-e-o-amor-liquido-e-por-que-e-cada-vez-mais-dificil-escapar-dele/. Acesso em: 15 set. 2024.

e permanece batendo a cabeça, tentando fazer mais com as mesmas coisas. Tarefa árdua.

E nesse caminho cheio de curvas ainda encontra outro obstáculo: um mercado com produtos cada vez mais idênticos, sem originalidade, com grande concorrência, que obriga o comerciante a entrar na guerra pela melhor oferta. E quem briga por preço uma hora vai ver os recursos se esgotarem. Uma empresa grande pode brigar por preço. **Empresa pequena precisa agregar valor. Precisa ter um diferencial que atraia o consumidor e ao mesmo tempo permita alta margem de lucro.**

Mas como fazer isso? Usando a importação de maneira inteligente para criar uma marca própria e atingir o faturamento com que sempre sonhou. Sim, isso é possível, e você vai descobrir como nas próximas páginas.

EMPRESA PEQUENA PRECISA AGREGAR VALOR. PRECISA TER UM DIFERENCIAL QUE ATRAIA O CONSUMIDOR E AO MESMO TEMPO PERMITA ALTA MARGEM DE LUCRO.

IMPORTAÇÃO INTELIGENTE
@rodrigogiraldelli

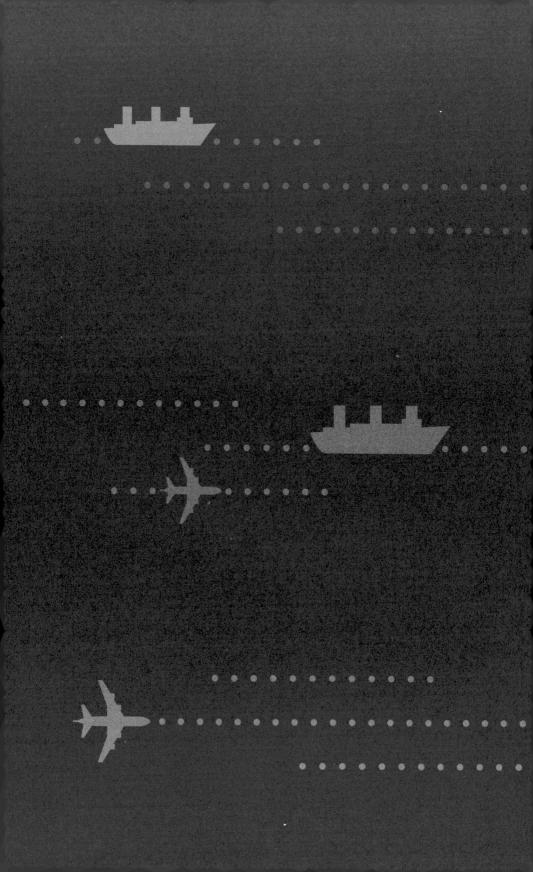

CAPÍTULO 3

Importe a sua marca própria

Vou começar este capítulo de uma maneira diferente, propondo um desafio. Pegue cinco objetos que você vê à sua frente. Pode ser capinha do celular, caneta, mouse do computador, garrafa de água, um brinquedo, uma blusa, enfim, o que estiver mais acessível. Agora, tente descobrir qual é a origem de cada um deles. Vamos lá.

É bem provável que, entre esses cinco objetos, você tenha encontrado, pelo menos, três com origem estrangeira. China, Malásia, Índia, Bangladesh e tantos outros. Ter algum produto importado no dia a dia já não é uma exclusividade de quem viaja para o exterior ou tem poder aquisitivo muito alto, como acontecia há trinta anos. Hoje isso é tão comum que se estima que uma pessoa consuma mercadorias de, pelo menos, dez países diferentes ao longo do dia.[14] Ou seja, em um único dia você tem contato com produtos

---

14 ENTENDA o que é comércio internacional e conheça os benefícios. **Sebrae**, 26 mar. 2023. Disponível em: https://sebrae.com.br/sites/PortalSebrae/artigos/entenda-o-que-e-o-comercio-internacional-e-conheca-os-beneficios,cb0d 23147c0c5810VgnVCM1000001b00320aRCRD. Acesso em: 15 set. 2024.

de vários países diferentes, e provavelmente nem se dê conta disso.

O comércio internacional cresce de maneira gigante no Brasil, que ocupa a 27ª colocação na lista dos maiores importadores do mundo.[15] Embora esse número tenda a oscilar ano a ano, a tendência é que o país se aproxime cada vez mais do topo.

Esse crescimento do comércio internacional se deve a três fatores principais: o baixo custo do produto feito fora do país, a facilidade em importar e a possibilidade de personalizar o produto da maneira que quiser.

Vou explicar cada um desses fatores. Vamos lá:

1. *Baixo custo da mercadoria:* como mencionado nos capítulos anteriores, um dos gargalos do comerciante é a baixa margem de lucro. Então a decisão de compra sempre deve levar em consideração o menor preço a ser pago pela mercadoria. Há muitos produtos que, mesmo com todo o processo de importação, custam mais barato lá fora do que os comprados aqui. É uma questão de análise e oportunidade. E mesmo uma empresa que não

---

15 BRASIL sobe em ranking de maiores exportadores; participação nas vendas globais é de 1,3%. **G1**, 12 abr. 2022. Disponível em: https://g1.globo.com/economia/noticia/2022/04/12/brasil-sobe-em-ranking-de-maiores-exportadores-e-agora-tem-participacao-de-13percent-nas-vendas-globais.ghtml. Acesso em: 15 set. 2024.

tenha esse problema pode contar com a importação para aumentar ainda mais os ganhos.

2. *Facilidade em importar:* você pode fazer todo o processo diretamente aqui do Brasil – escolha da mercadoria, negociação de preço, pagamento, aprovação da personalização do produto, tudo. Além disso, vivemos um processo de desburocratização da importação que ajuda muito os pequenos e médios empreendedores. Antigamente, era comum as pessoas nem cogitarem essa possibilidade, mas há um tempo ninguém mais precisa ter uma empresa de milhões para importar. Um CNPJ aberto e um investimento baixo, como aquele com que eu comecei só para fazer um teste, já são suficientes.

3. *Personalização do produto:* depois que você escolhe a mercadoria que deseja importar, há fabricantes que permitem personalizá-la da maneira que quiser. Mesmo em pequenas quantidades, dá para escolher cor, mudar formato, colocar outros acessórios, e o principal: colocar a sua marca nele. **Marca própria é o grande diferencial do seu negócio.**

Tenha a sua marca própria

Como já mencionei, uma empresa pequena não tem que brigar por preço com as empresas grandes – pois

MARCA PRÓPRIA É O GRANDE DIFERENCIAL DO SEU NEGÓCIO.

IMPORTAÇÃO INTELIGENTE
@rodrigogiraldelli

elas sempre vão ganhar –, mas precisa ter um diferencial que atraia o consumidor.

Vamos pensar nas hamburguerias. Com a proliferação das redes de fast-food, ficou quase impossível para o pequeno empreendedor vencer essa concorrência. A hamburgueria pequena precisou se reinventar para atrair o cliente e cobrar um valor mais alto pelo produto comparado ao da rede de fast-food, garantindo sua margem de lucro. Surgiram então as hamburguerias gourmets para fazer as pessoas entenderem que os produtos, apesar de serem hambúrgueres, são diferentes.

O mesmo aconteceu com as cervejas. Com o mercado tomado pelas grandes marcas, os pequenos produtores se diferenciam com as cervejas artesanais. O consumidor acaba pagando mais que o dobro do valor para ter metade do líquido da cerveja tradicional, mas o produto faz sucesso porque é diferenciado.

Essa diferenciação se faz cada vez mais necessária porque o comerciante vive uma cilada por conta do grande número de produtos parecidos no mercado, como já falei antes. O produto virou um *commodity*. Todo mundo fabrica e distribui praticamente as mesmas coisas. E isso não afeta apenas o comércio físico. O e-commerce sofre mais ainda com a falta de originalidade, principalmente se depende de um marketplace para vender.

Se você digitar o nome de um produto no buscador de qualquer uma dessas plataformas, os primeiros

Importe a sua marca própria **55**

resultados serão os produtos com melhores preços, de comerciantes que já estão praticando a importação, ou aqueles que trabalham com margem baixíssima, ou do próprio fabricante, que vende direto ao consumidor.

Nesse cenário, se o comerciante continua somente revendendo produtos, está fadado ao fracasso, porque vai ser difícil igualar o preço com uma margem satisfatória e aparecer nas primeiras colocações. E todo mundo sabe que quem aparece antes está em vantagem.

Por outro lado, se você tem uma marca própria, cria um diferencial que atrai o consumidor. Imagine ter seu logo estampado em cada produto que vende. O consumidor não vai comprar apenas *uma* garrafa térmica, e sim a *sua* garrafa térmica. Você atrai esse cliente pela qualidade do produto e pela fidelização à marca. Quando ele for fazer a busca no marketplace, vai procurar a sua marca. **Com uma marca própria, você ganha uma prateleira no cérebro do cliente.** Ele deixa de ser um cliente do produto para ser o cliente da marca, comprando-a e indicando-a para outras pessoas.

Como já mencionei, a Chilli Beans é um ótimo exemplo. A empresa vende óculos, como tantas outras lojas. E o seu produto é totalmente fabricado na China. Mas o que a diferencia é a marca. O cliente não quer comprar apenas um óculos, quer comprar um Chilli Beans. O trabalho feito em torno da marca – que é genial – tornou o produto desejável para os clientes.

Outro bom exemplo é a Imaginarium. A loja de presentes e itens de decoração tem parte de sua produção na China.[16] Ela investe em um design diferenciado, mas, mesmo assim, o que atrai o cliente é a paixão que ele criou pela marca.

Essas empresas perceberam muito cedo esse movimento de marca própria e importação e conseguiram surfar muito bem nessa onda. Agora é a sua vez. Você vai ver que **ter marca própria por meio da importação é a chave para aumentar a margem de lucro e promover o crescimento de seu negócio**.

Um negócio da China

A China aparece como um dos principais países exportadores, justamente pelo trabalho de fabricação de produtos que vem fazendo há décadas. O país planeja se tornar o maior *player* de fornecimento de produtos no mundo, então sua economia se movimenta para que isso realmente aconteça. E para atingir esse objetivo, a China depende do comércio exterior. Isso acaba beneficiando os pequenos empreendedores, que não encontram barreiras para comprar o produto lá.

E se, ao ouvir falar de China, você ainda tem na cabeça aquela imagem de um monte de bugigangas chinesas, produtos de má qualidade ou de procedência

---

16 FRANQUIAS: Imaginarium. **Pequenas Empresas & Grandes Negócios.** Disponível em: https://revistapegn.globo.com/franquias/imaginarium/. Acesso em: 15 set. 2024.

TER MARCA PRÓPRIA POR MEIO DA IMPORTAÇÃO É A CHAVE PARA AUMENTAR A MARGEM DE LUCRO E PROMOVER O CRESCIMENTO DE SEU NEGÓCIO.

IMPORTAÇÃO INTELIGENTE
@rodrigogiraldelli

duvidosa, saiba que não estamos falando disso. Como você viu no exemplo da Chilli Beans e da Imaginarium, há milhares de marcas no mundo – inclusive de luxo – com fornecedores chineses. Setores como o de vestuário, de artigos para a casa, de tecnologia, automobilísticos, de peças de reposição, entre tantos outros, são atendidos por fornecedores do país oriental.

Apesar de a China estar no topo da cadeia de fornecedores, dependendo do produto que você pensa em vender, há outros países para considerar. Japão, Índia, Malásia, Turquia, Indonésia, Vietnã e Egito são alguns deles. Todos são especialistas em algum setor. Isso mostra como o mercado está globalizado e que a importação é um caminho possível para qualquer pessoa.

Mas, para dar certo, existe um caminho a ser seguido. Assim como acontece com tudo na vida, existe uma curva de aprendizado que, uma vez percorrida, só precisa ser repetida para ser aprimorada. Da primeira vez pode ser um pouco mais difícil, você pode errar em uma coisa ou outra, mas com o passar do tempo vai melhorando o processo.

Na minha primeira importação, tive que montar um quebra-cabeça para aprender. Falei com importadores, professores, outros profissionais que já atuavam no setor, estudei muito o mercado para ir montando essas peças e começar a atuar. Descobri que, com exceção dos professores, poucas pessoas estão a fim de compartilhar o que sabem. Então, fui aprendendo na prática e, conforme o tempo ia passando, replicava o que tinha dado certo e ajustava o que não dera resultado.

Foi assim que descobri que a importação era só uma peça dentro das empresas para comprar mais barato. Então, o raciocínio era: "Comprar mais barato basta para que a empresa baixe o custo". Não havia um planejamento prévio nem um pós-compra para organizar fluxo de caixa e vendas. Mas a experiência me fez enxergar que temos outras engrenagens importantes para que a importação seja, realmente, um bom negócio.

Quanto mais entendimento tiver de sua operação comercial, do propósito de seu negócio, do tipo de produto que quer importar, do capital de que precisa, melhor será para se organizar e criar o processo na empresa.

Porque, quando você parte para a importação, o dinheiro vai na frente. Você compra, paga o fornecedor e espera a mercadoria chegar – o que pode demorar quinze dias, mas também três meses – para então começar a vendê-la. Isso muda o perfil do fluxo de caixa da empresa.

Mesmo com tudo isso, importar com a marca própria ainda é um negócio muito vantajoso, pois o incremento de lucro compensa o tempo de espera da chegada das mercadorias. Se pensarmos na China, além do baixo custo da mercadoria (o que permite maior lucro), você tem autonomia para escolher o produto e personalizá-la como quiser e, se houver algum problema com uma fábrica, pode trocar por outra rapidamente.

Há muitos fornecedores. E mesmo quando o cliente quer apenas uma pequena quantidade de mercadoria, eles veem isso como uma oportunidade. Ou seja, vira um bom negócio para ambos os lados.

Lá fora, porém, eles estão há décadas fazendo esse negócio. Aqui no Brasil, apesar do mercado aberto há tanto tempo, ainda vejo poucos empreendedores traçando essa oportunidade. Alguns por medo, outros por falta de conhecimento, outros porque simplesmente nunca pensaram nessa opção. Seja qual for seu caso, nas próximas páginas vou mostrar as seis etapas para sua empresa entrar nesse jogo. Desde a escolha da mercadoria até pesquisa de mercado, cotação e simulação de custo, necessidade de capital, criação da empresa e importação, você vai ver como essa pode ser a sua nova realidade.

CAPÍTULO 4

Etapa 1: escolha do produto certo

Quando pensamos em importar, o *start* sempre será o produto. Sem decidir o produto com que vai trabalhar, dificilmente você conseguirá seguir para as próximas etapas. Mesmo que você já tenha uma empresa e tenha experiência com determinado nicho, sugiro que não pule essa etapa. É o momento de reavaliar se o produto que você já vende realmente tem *fit* com você e se é suficiente para segurar sua operação. Também vale a pena pensar se não é o momento de expandir e passar a oferecer outros produtos para os clientes.

A escolha de um produto passa por dois caminhos: técnico e por *feeling*. Isso significa que é preciso avaliar o mercado por meio de uma série de estudos que vou ensinar a seguir, mas também tem que saber sua afinidade com o que vai oferecer. Não adianta descobrir um mercado superlucrativo para determinado produto se você não acredita naquilo, ou se ele não faz parte do seu universo, ou você tem conhecimento zero daquilo. Claro que não precisa ser um especialista, mas é preciso um mínimo de conhecimento para saber como lidar com ele. Ou até mesmo desistir de um segmento.

Certa vez, um cliente me procurou porque queria abrir um novo negócio, e a importação estava em seus planos. Ele vem de uma família que há décadas importa produtos natalinos, um segmento com margem de lucro incrível. Imagine o conhecimento que ele tinha nesse segmento. Mas, justamente por conhecer a fundo, ele sabia que não queria continuar nele. Sua principal objeção era a sazonalidade: trabalha-se muito no segundo semestre do ano, principalmente no último trimestre, e depois a empresa fica praticamente parada.

Por isso eu sempre digo: **escolha o produto com o coração e valide-o na razão.** Essa é a dica de ouro. É muito comum errar nessa escolha por considerar somente um desses caminhos. Se meu cliente tivesse escolhido apenas pela razão, continuaria no segmento natalino, mas não estaria satisfeito. E se escolhesse só com o coração, poderia vender algo que não tivesse margem de lucro satisfatória, e também seguiria insatisfeito.

Quando você une o estudo técnico à sua afinidade, faz escolhas mais conscientes e, consequentemente, mais corretas para os seus objetivos. Esse não é um trabalho fácil e, preciso confessar, nem sempre prazeroso. Mas, sem todos esses estudos preliminares, é grande a chance de cair em erros que possam minar o seu negócio.

A partir de agora, convido você a seguir para a ação. Cada passo será uma peça a mais do seu quebra-cabeça. Aos poucos, as peças vão se encaixando, e o seu negócio vai ficar cada vez mais tangível para você.

ESCOLHA O PRODUTO COM O CORAÇÃO E VALIDE-O NA RAZÃO.

IMPORTAÇÃO INTELIGENTE
@rodrigogiraldelli

PASSO 1: Escolha algo com que tenha afinidade ou que já saiba vender

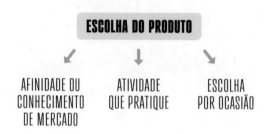

Como falei, esse é o seu ponto de partida. Se você ainda não trabalha no comércio, observe algo de que gosta. Pense naquilo que está disposto a fazer de segunda a sexta, das 8h às 18h, e até mesmo aos sábados, e que o encha de felicidade, mesmo nas intempéries. Porque a atividade comercial não é algo linear. As curvas no caminho vão aparecer todos os dias, e você precisa estar com muita vontade para contorná-las. Sabe aquela energia de fazer o negócio acontecer? É disso que o comerciante precisa.

A escolha também pode estar relacionada a alguma atividade que você pratique: um esporte, uma habilidade manual, um hobby. Ou uma escolha por ocasião. Por exemplo, uma mulher grávida fazendo o enxoval do bebê sente que aquilo tem um mercado e é algo em que gostaria de trabalhar. Ou famílias com filhos pequenos que enxergam que o ramo de brinquedos educativos tem um bom apelo. Em resumo, é muito comum começarmos a usar determinado produto e perceber que ele é importado e pode ser uma oportunidade de lucro revendê-lo.

Tenho um cliente que dá treinamento de desenvolvimento pessoal em empresas, mas também é adepto de vários esportes. Para essas atividades, ele gostava de usar óculos de sol bastante coloridos, com lentes espelhadas e por aí vai. Algumas pessoas passaram a perguntar onde ele comprava o acessório. Daí veio a ideia de começar a importar óculos com marca própria, coloridos e com detalhes técnicos específicos para os praticantes de esportes. Ele era um usuário do produto e se tornou um empresário do produto.

Essa vai ser a sua escolha definitiva? Talvez não, mas esse é o seu ponto de partida. Com o produto em mente, é o momento de avaliar a aceitação no mercado.

PASSO 2: Estude o mercado para o seu produto

Esse passo vai determinar se o produto que escolheu também é admirado/desejado por outras pessoas, ou seja, se tem mercado, local ou nacional. Porque talvez você considere superprático ter em casa um fatiador de bananas e ache genial vender esse produto, mas já pensou sobre quantas pessoas gostariam de comprar esse utensílio e quantas vezes o comprariam novamente? A resposta está na observação do mercado.

A sua pesquisa deve ser dividida em duas partes:

Etapa 1: escolha do produto certo **69**

A primeira é por observação física. A ideia é abrir a mente e entender como é a dinâmica do mercado. Visite lojas que vendem o produto, converse com os vendedores e até clientes, visite atacadistas e feiras do setor. Se possível, visite os centros de compra especializados. O bairro do Brás, em São Paulo, por exemplo, reúne diversas empresas da área têxtil. Se a ideia é vender algo de artesanato, seria interessante dar uma volta pela região da 25 de Março. Se tem interesse em artigos para cozinhas industriais, caminhe pela rua Paula Sousa, no centro de São Paulo, e assim por diante. Cada estado brasileiro tem os seus bairros especializados em alguma área.

A segunda parte é a observação digital. Separe uma hora do dia para pesquisar tudo sobre o produto na internet. Observe se o produto é vendido no varejo e no atacado, se vende mais em marketplaces ou e-commerces próprios, como são os comentários e o interesse das pessoas pelo produto nas redes sociais, quem são os maiores *players*, os preços praticados. Quanto mais informações você tiver, melhor será.

Você está começando a montar o quebra-cabeça. É só uma peça, mas fundamental para seguir em frente.

PASSO 3: Estude a concorrência

CONSIGO SOBREVIVER COM
ESSA CONCORRÊNCIA?

Concorrente é concorrente em todo lugar. Todo comércio vai ter concorrentes. Você precisa ficar sempre atento para entender como isso afeta seu negócio, seja para o bem ou para o mal. A concorrência é boa quando funciona como um *input* para buscar novas alternativas de crescimento, aprimorando a sua empresa. Porém, é ruim quando pode acabar com o seu negócio. Aquela que, por mais que você se esforce, por mais que busque fornecedores com preço muito baixo, para uma margem de lucro alta, você não tem condições de vencer. É esse estudo que você vai fazer neste passo 3.

Faça uma lista dos maiores *players* do seu mercado e que seriam seus concorrentes. Depois, avalie se a sua empresa tem condições de conviver com essa concorrência. Mas seja muito realista nessa avaliação.

Vou contar a história de um cliente, e você vai entender por que essa análise é tão importante. O cliente queria importar aparelhos de ar-condicionado, pois detectou uma crescente procura pelo produto. Mas, ao fazer a análise, verificou que concorreria com grandes *players* do mercado, com capital de investimento infinitamente maior que o dele. Portanto, querer ganhar esse mercado seria uma estratégia muito arriscada. Mas, como ele tinha conhecimento do setor, viu que existia dentro do mesmo segmento um mercado aberto para venda de peças de reposição desses aparelhos. Ora, se as pessoas estavam usando mais aparelhos de ar-condicionado, logo cresceriam também a necessidade de manutenção e, consequentemente, a procura de peças de reposição.

Veja que ele não precisou mudar de área, apenas mudou o foco de um produto para outro. Por isso a necessidade de fazer uma análise profunda e sincera da concorrência. Dependendo das respostas que você obtiver, pode considerar um redirecionamento da rota, e encontrar brechas ainda pouco exploradas no mercado.

Nessa análise, repare que não incluí os pequenos concorrentes. É que a presença deles não deve significar uma ameaça ao seu empreendimento, apenas mostrar que o mercado está dissipado e que isso é bom para os negócios. O que você precisa, porém, é sempre ter um diferencial. Ou seja, a sua marca própria.

PASSO 4: Avalie o público consumidor

Essas são algumas perguntas a serem respondidas nesse momento. A intenção não é conhecer profundamente o público, apenas entender se o produto que se pretende vender tem público consumidor.

Se você já empreende no setor, provavelmente tenha essa resposta. Mas, para quem escolheu determinado produto porque pratica alguma atividade ligada ao segmento ou foi uma escolha por ocasião, sugiro que faça uma pesquisa para entender esse consumidor, mesmo que você seja consumidor do produto. Essa ideia também vale se está empreendendo em algo totalmente novo.

Aqui não há outro caminho senão se conectar e conversar com pessoas que já consomem o produto. Comece com pessoas conhecidas que teriam interesse pelo que você quer vender e entenda seus hábitos. Depois é interessante conversar com desconhecidos que estejam dentro do perfil de consumidor. Para chegar a eles, peça indicações de amigos. Com quanto mais pessoas você falar, mais informações terá.

Para reforçar sua pesquisa, colete informações nas redes sociais. Entre no perfil dos concorrentes e leia os comentários dos posts. Por ali, você consegue coletar impressões muito importantes para o seu trabalho. Mas, atenção: apesar de ser mais cômodo, a pesquisa na internet não pode ser a única opção. É um complemento da entrevista física!

Etapa 1: escolha do produto certo **73**

PASSO 5: Estude complementos de linhas

PRODUTOS ADICIONAIS

QUE OUTRO PRODUTO DA MINHA
MARCA MEU CLIENTE COMPRARIA?

Se você vende um produto que já está estabelecido, tem bons fornecedores e margem adequada, considere usar a importação para trazer produtos que complementem a sua linha. Essa é uma ótima maneira de aumentar o portfólio, trazer mais clientes e aumentar a lucratividade.

Quem tem uma confecção pode usar a importação e a marca própria para criar uma linha de acessórios, como bijuterias, lenços, laços de cabelo, pequenas bolsas, entre outros itens que complementam a linha principal, que são as roupas. O mesmo serve para um pet shop. A ração é um produto nacional, não faz sentido vir de fora, mas todos os acessórios para pet vendidos na loja podem ser importados da China.

Essa foi a opção usada por um dos meus clientes. A família já tinha uma loja de calçados e acessórios para esportes. Analisando o mercado, vimos que não fazia sentido trazer tênis e até alguns artigos esportivos da China, porém a importação de bicicletas fazia muito sentido para o negócio dele. Então, ele dividiu a operação em duas partes: fornecedores nacionais e fornecedores chineses. Uma operação parecida com a que a Imaginarium faz.

Outra opção é usar a marca própria para criar outra linha de produtos, como se fosse a linha B. Conheço uma empresa que vende mochilas escolares, e o seu diferencial é ser *made in Brazil*. O apelo de "produto nacional" é usado até como estratégia de marketing. Então, para essa marca não faz sentido passar a importar mochilas para o mesmo público-alvo. O que a empresa fez então foi criar outra linha de mochilas importadas da China, com custo mais acessível, para atender a outro público. Assim, os produtos, apesar de serem do mesmo segmento, não concorrem entre si e a empresa ganha mais capilaridade.

Não se preocupe se não conseguir dar um *check* em cada um desses passos. O que mostrei foram itens que você pode avaliar para facilitar sua escolha. A qualquer momento, você pode refazer as etapas. Também não se preocupe se chegou ao quinto passo e descobriu que o produto que tinha imaginado não é viável. Existem inúmeras opções para você começar a sua importação. Não é possível que você não encontre um produto que remunere bem e atenda à maioria dos requisitos mencionados.

O objetivo principal dessa primeira etapa é afinar sua escolha e seguir para a próxima com mais segurança no produto escolhido. Pois chegou o momento de fazer a pesquisa de mercado. Bora!

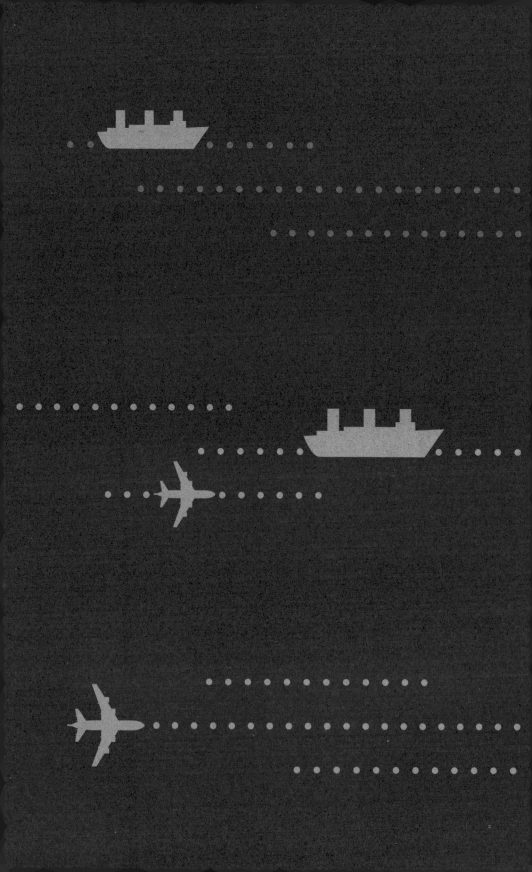

CAPÍTULO 5

Etapa 2: pesquisa de mercado

Abrir um novo negócio, entrar em um novo mercado ou colocar um novo produto para ser vendido na sua loja é sempre um momento de incerteza. No começo você não sabe como será a aceitação, se a margem vai ser compatível com o custo, se o preço vai ser competitivo, se vai encontrar um fornecedor adequado e por aí vai. São muitas questões a serem avaliadas e, como ninguém gosta de jogar no escuro, os dados são um aliado para basear a sua decisão.

É aí que entra a pesquisa de mercado. Essa ferramenta tem a função de coletar uma série de dados que lhe ajudarão a conhecer melhor o mercado em que vai atuar e, consequentemente, planejar de maneira adequada o seu negócio. Seu objetivo é gerar conhecimentos sobre o mercado e seu público, identificar oportunidades e reduzir o risco na tomada de decisões estratégicas.[17]

Uma pesquisa pode focar diferentes aspectos, como público-alvo, estratégia da concorrência, desempenho

---

[17] MORAES, D. Pesquisa de mercado: o que é, como fazer e os principais tipos. **Rock Content**, 24 fev. 2019. Disponível em: https://rockcontent.com/br/blog/pesquisa-de-mercado/. Acesso em: 15 set. 2024.

do produto no mercado, tamanho do mercado, hábitos de consumo, força de marca, entre outros. Cada empresa deve direcionar o foco para a necessidade pontual do negócio.

Pensando nisso, depois de escolher o produto que quer vender, chegou o momento de fazer uma pesquisa de mercado para entender a viabilidade do negócio. É quando você constata se aquele produto, ou aqueles produtos, que você selecionou no capítulo anterior são mesmo competitivos no mercado ou apenas um sonho de empreendedor.

É muito comum alguém começar a empreender só porque gosta de determinado setor ou é consumidor de um produto. O problema surge quando, depois de colocar o negócio para rodar, descobre-se que seu gosto pessoal é similar ao de uma parcela muito pequena da população, o que não garante a sobrevivência do negócio. É a história do fatiador de bananas que mencionei no capítulo anterior. Nem sempre gostar de algo é suficiente para fazer o negócio crescer.

Portanto, é hora de responder à pergunta: será que existe um mercado para vender esse meu produto, ou seja, será que existe demanda?

Embora existam empresas especializadas em pesquisas de mercado, você mesmo pode fazer essa pesquisa. A ideia não é que ela seja, nesse momento, totalmente assertiva, mas que ela dê elementos para continuar planejando o negócio. É apenas um direcionamento para entender a viabilidade e seguir em frente com o seu plano de importação.

No fim deste capítulo, caso entenda que o produto escolhido não tenha demanda, o ideal é voltar uma etapa e avaliar outros itens que possam ser comercializados.

Estimativa de demanda

De maneira geral, a estimativa de demanda serve para mostrar ao comerciante a quantidade de produtos que serão vendidos, bem como avaliar o potencial do mercado e nortear decisões, como expansão de negócio e tamanho de estoque, evitando assim excessos ou quebra, entre outros fatores. Vamos nos ater aqui apenas à demanda de mercado, ou seja, saber se o seu produto vai ser vendido.

Essa é uma das tarefas mais difíceis para o comerciante, principalmente para quem está começando. Embora também sinta certa dificuldade, o comerciante que já atua no setor tem um trunfo importante em mãos: o contato direto com o cliente. Ele consegue saber a dor do cliente e qual seria a melhor solução – ou produto – para solucionar essa questão. Portanto, quando entra em um mercado ou coloca um produto novo à venda em sua loja, ele já tem alguns elementos para sustentar a sua defesa.

Isso não significa, porém, que a experiência que ele tem do comércio garantirá uma estimativa certeira. Seja quem está iniciando ou quem já tem experiência no mercado, a estimativa de demanda dificilmente será 100%. Sempre haverá algum risco, porque o comércio é dinâmico e as coisas podem mudar muito rapidamente.

Eu brinco dizendo que pessoas com propensão a riscos dormem mais tranquilas. Já a pessoa mais racional perde o sono facilmente. Se você está no segundo grupo, pense que o risco é algo inerente a todos. Qualquer pessoa que vive de comércio corre riscos. O medo vai aparecer, mas a coragem ajuda a aprender a lidar com ele. Está com medo? Vá assim mesmo, mas vá. Todas as decisões mais profundas envolvem certo medo.

A regra na importação sempre é: se for para errar, que seja um erro pequeno e rápido. Se o produto for errado e a demanda não se confirmar, porém adquiri por um bom preço e tenho margem de lucro alta (vou falar disso nos próximos capítulos), faço uma promoção, vendo tudo e sigo em frente. Você não vai lucrar, mas conseguirá recuperar o investimento.

Mas há maneiras de minimizar esse risco. Daí a pesquisa de mercado baseada na estimativa de demanda. Proponho que seja dividida em duas partes: on-line e presencial.

Parte 1: Pesquisa on-line

Comece a pesquisa pelos sites que apontam tendências na internet. Baseados nas pesquisas feitas pelas pessoas, os dados ajudam a dar um panorama do mercado e entender quando o consumo está em alta, quando está em baixa, se é um mercado estável ou constantemente em baixa.

O Mercado Livre oferece o serviço Tendências de Pesquisa em Mercado Livre (tendencias.mercadolivre.com.br), que mostra os produtos mais buscados pelos clientes nos últimos sete dias dentro do marketplace. Você pode fazer uma análise por meio da pesquisa geral de itens mais desejados, aqueles que mais cresceram na última semana ou ainda as tendências mais populares. Se preferir, faça uma busca pelas 32 opções de categorias, e dezenas de subcategorias dentro de cada uma. Por exemplo, quando este livro estava sendo escrito, o item mais procurado era touca de cetim, enquanto o mais desejado e com maior tendência de crescimento era detector de metais.

Refinando essa busca e clicando na categoria "Brinquedos e Hobbies", por exemplo, dinossauro era o item mais desejado, mas Pokemón teve o maior crescimento, enquanto Super Sonic era o item com a maior tendência. Você pode refinar ainda mais a pesquisa escolhendo subcategorias.

Mas sempre use esses dados de maneira inteligente. Pergunte-se: será que essa procura vai se manter nos próximos meses?

Lembre-se de que o site do Mercado Livre reflete as pesquisas feitas pelos usuários dentro de um curto período. Então pode acontecer de mostrar algo baseado em uma *trend* do momento. Por exemplo, em um período de Olimpíadas ou Copa do Mundo, provavelmente

SE ESTÁ COM MEDO, VÁ COM MEDO MESMO!

IMPORTAÇÃO INTELIGENTE
@rodrigogiraldelli

aumentarão as buscas por adereços personalizados dessas competições ou até por acessórios esportivos motivadas pela empolgação com os jogos.

A youtuber do momento surgiu com um brinco diferente? Provavelmente, as buscas por aquele produto vão aumentar. Sempre associe o resultado obtido com algo que está acontecendo na atualidade para entender se aquela demanda vai se manter nos próximos seis meses ou um ano. Tenha em mente que você vai fazer uma importação e que o processo é longo.

Na mesma linha, o Trends, do Google (trends.google.com.br/trends/), analisa quantas pesquisas foram feitas sobre determinado assunto em um período. A vantagem aqui é que você pode selecionar datas que variam entre anos – cinco anos, último ano ou um período personalizado – até a última hora, para uma análise mais minuciosa. A plataforma mostra um gráfico em que é possível acompanhar todo o desempenho no período selecionado. Você pode ir comparando períodos diferentes e analisando a performance ao longo do tempo.

Porém, diferentemente do Mercado Livre, que mostra a busca por produtos, o Google Trends mostra os assuntos mais procurados na internet. Então, é preciso analisar bem os dados.

Para encontrar as tendências sobre um produto específico, use a aba "Explorar". Por exemplo, lá no Mercado Livre apareceu que o termo "touca de cetim" era o item mais procurado na plataforma enquanto escrevo este livro. Se eu pesquiso o mesmo termo no Google Trends, os resultados mostram um gráfico detalhado da procura atual e os dias e horários em que a busca foi mais realizada.

Você ainda pode ir adicionando outros produtos para fazer a comparação de performance entre eles. A plataforma permite até cinco termos para comparação. Se eu pesquiso bicicletas, por exemplo, e adiciono patinete, skate, patins e bicicleta elétrica no período de doze meses, consigo ver que as buscas por bicicleta se mantiveram na média o ano todo. Já para patins, patinete, skate e bicicleta elétrica, as buscas são bem baixas. A exceção é o skate, que teve uma alta repentina no período de 28 de julho a 3 de agosto de 2024, justamente o período das Olimpíadas de Paris e a semana em que Rayssa Leal ganhou medalha de bronze nesse esporte.[18] Portanto, é algo que pode ser considerado pontual.

Uma vantagem do Google Trends é a possibilidade de analisar a busca por estados e cidades. Ainda seguindo com a touca de cetim, consigo verificar que a Bahia e o Alagoas empataram no maior número de buscas.

Esses dados ajudam a entender o mercado e como é a demanda pelo produto. Se você procurar algo que

---

18 COSTA, G. Rayssa Leal se torna a mais nova a conquistar medalhas em Olimpíadas diferentes. **GE**, 28 jul. 2024. Disponível em: https://ge.globo.com/olimpiadas/noticia/2024/07/28/rayssa-leal-se-torna-a-mais-nova-a-conquistar-medalhas-em-olimpiadas-diferentes.ghtml. Acesso em: 15 set. 2024.

não aparece entre os mais buscados ou não está entre as tendências, pode ser preciso fazer mais pesquisas ou analisar produtos correlatos. Se fizer uma pesquisa no Google Trends e verificar que o produto tem baixa procura, é momento de se perguntar: "Será que este é mesmo um bom produto para meu comércio?".

Parte 2: Pesquisa presencial

A pesquisa presencial deve ser feita para complementar a que você fez nas plataformas da internet. Visite lojas que vendem o produto e observe a procura dos clientes. Observe também a disposição dos produtos em prateleiras. Aquelas com mais destaque geralmente têm maior demanda.

Se possível, converse com algumas pessoas com perfil semelhante ao que você imagina que consumiria o seu produto. Pergunte o que acham da ideia, se comprariam um produto assim, o que esperam de diferencial, e outras perguntas que lhe dê mais argumentos para ter noção da demanda.

Essa pesquisa é qualitativa, portanto não tem a intenção de dar um panorama exato, até porque isso você só vai saber quando colocar o produto no mercado, mas é algo aproximado para lhe dar mais segurança e minimizar os erros.

Depois dessa etapa, você descobriu que existe um mercado aberto para o seu produto, então é hora de fazer a cotação de preço. Esse é o assunto do próximo capítulo.

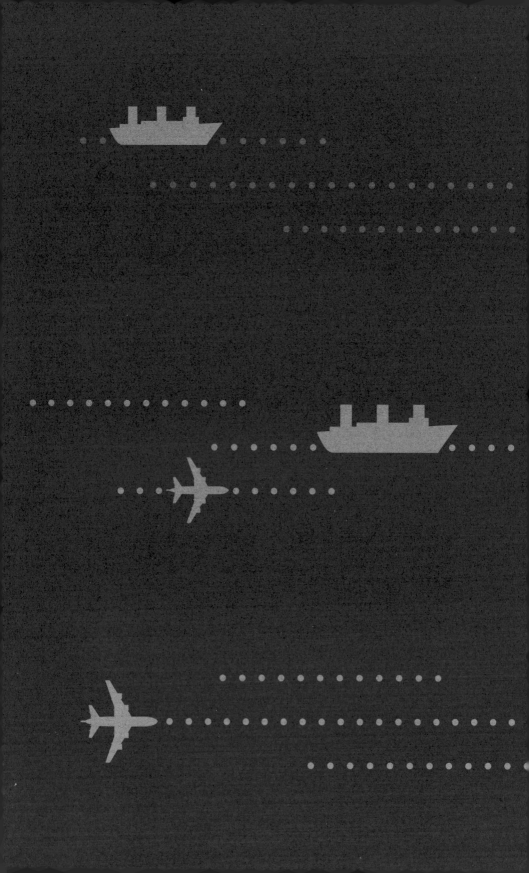

CAPÍTULO 6

Etapa 3: cotação de produtos e simulação de custos

A margem – diferença entre o preço e o custo – que se ganha com um produto revendido é o primeiro degrau rumo ao sucesso do negócio. Quem compra mal, vende mal, porque, das duas uma: ou vai colocar o produto no mercado com um preço muito alto em relação ao da concorrência e acabar ficando com o estoque parado ou vai precisar trabalhar com uma margem de lucro baixa. As duas situações são ruins para o negócio.

Quem vende tem que comprar por um bom preço e ter margem alta de lucro. Guarde isso como um conselho. Sei que há produtos com margem baixa que vendem muito, por isso acaba sendo um bom negócio para o comerciante. Mas vamos pensar que, para ser vantajoso, esse comércio precisa vender uma quantidade muito grande de produtos, o que não é a realidade para quem está começando.

Você ainda está começando no mercado. Conhecendo fornecedores, demanda, importação, canais de venda. Então, sugiro ir mais devagar. Comece com um produto com margem maior, mas que permita um estoque menor e, conforme for amadurecendo, vá ajustando a quantidade de produtos e até mesmo os tipos

QUEM VENDE TEM QUE COMPRAR POR UM BOM PREÇO E TER MARGEM ALTA DE LUCRO.

IMPORTAÇÃO INTELIGENTE
@rodrigogiraldelli

de produto. Pode ser que chegue um momento que opte pela margem menor em troca de uma quantidade maior de produtos vendidos, mas aí você já terá segurança suficiente para fazer essa transição e maturidade para lidar com esses números.

Dito isso, depois de escolher o produto, estimar a demanda e descobrir que a venda é viável, chegou o momento de fazer a cotação de preços no fornecedor. Essa é mais uma etapa eliminatória na sua busca pela importação e pela marca própria. Chegou o momento de descobrir:

1. País fornecedor;
2. Cotação de preço do produto no exterior;
3. Estimativa de custos de importação;
4. Valor do produto no Brasil;
5. Margem de lucro.

Ao unir essas cinco informações, você vai decidir se segue em frente ou se é melhor voltar e escolher outros produtos para vender.

Antes de seguir em frente, você precisa saber que é possível fazer tudo do Brasil. Antigamente, os empreendedores costumavam ir à China ou ao país exportador conhecer pessoalmente os fornecedores, pesquisar preços e fazer as encomendas. Agora, todo o processo é feito via internet. Só vai para lá quem compra em quantidades muito grandes e precisa estabelecer uma relação de parceria mais profunda com a fábrica.

Etapa 3: cotação de produtos e simulação de custos

No começo, quando o volume de importação não é ainda muito grande, não há necessidade de viajar à China ou a outro país do qual for importar. Seria mais um custo extra na planilha de gastos. Caso queira ter mais segurança em relação ao fornecedor ou produto, há empresas brasileiras especializadas nesse tipo de vistoria alocadas em países que são grandes exportadores de manufaturas.

Na China, por exemplo, você pode contratar uma empresa para fazer uma visita à fábrica e conhecer o produto, a linha de produção, os cuidados na produção e até verificar se eles seguem alguns critérios éticos, como exploração de trabalho infantil ou uso inadequado de recursos naturais. Por um valor muito menor do que a passagem aérea e a hospedagem que você pagaria, a empresa faz essa vistoria e emite um laudo. Vamos falar mais sobre esse assunto no capítulo 9. Por hora, é importante saber que todo o processo pode ser feito do Brasil.

A etapa de cotação de produtos e simulação de custos exige muita atenção e não deve ser feita em uma ou duas horas. Sugiro uma semana pesquisando durante meio período, pelo menos. Aprofunde-se o quanto puder para que não haja brechas que possam atrapalhar você na concretização do negócio.

1. País fornecedor

Seja uma camiseta ou um aromatizador, um pneu de carro ou uma máquina de jogos eletrônicos, você precisa descobrir onde estão os maiores fornecedores desse produto. A China aparece na frente por conta da enorme variedade de produtos que fabrica e o preço que oferece.

Porém, dependendo da escolha, pode ser que encontre os melhores fornecedores em outros países. Para pneus, por exemplo, há bons fornecedores na África do Sul e na Índia. Já a Indonésia é opção para móveis. Para roupas de linho e linha luxo, a Itália deve ser considerada. E assim por diante. A escolha sempre vai ser financeira. Quem oferecer o melhor preço, ganha.

Se você não faz ideia de onde esteja o melhor fornecedor para o seu produto, comece pela China. O país é sempre um ponto de partida interessante. Além disso, alguns marketplaces chineses, como Alibaba e Global Sources, têm fornecedores do mundo todo, o que facilita muito a busca. Por ali, você consegue pesquisar produtos e descobrir em que país o fornecedor está instalado.

2. Cotação de preço do produto no exterior

Quanto mais baixo o valor pago pelo produto, maior será a sua margem de lucro. A melhor maneira de começar essa pesquisa é por meio dos principais marketplaces chineses B2B (*business to business*, ou seja, empresa vendendo para empresa), que são Alibaba (www.alibaba.com), Global Sources (www.globalsources.com) e Made in China (www.made-in-china.com), mas existem muitos outros. Nessas plataformas há muitos fornecedores, o que permite uma pesquisa bem aprofundada dos produtos.

Atenção: neste momento, você não deve comprar nem pagar nada no site, somente fazer a cotação de preços.

No campo de busca, digite o nome do produto e veja os valores cobrados. Sobre o preço obtido, considere dois pontos. O primeiro é qualidade. A mesma fábrica pode ter duas linhas de produtos com qualidades diferentes: uma com menos qualidade e preço mais baixo e outra com melhor qualidade e preço mais alto. A decisão é sua. Outra questão é a quantidade. Existe a venda unitária e a venda por lotes. Portanto, o preço de uma peça é um, se quiser comprar cem peças é outro, mil peças muda para outro preço e assim por diante. Quanto maior a encomenda, mais baixo o valor da peça.

Nessas plataformas, é possível comunicar-se com o fornecedor via chat de mensagens. Não se preocupe com o idioma. As plataformas têm tradutores automáticos. Use essa ferramenta para tirar as dúvidas e criar um relacionamento com a fábrica. Essa aproximação vai ser fundamental quando você for fechar o negócio.

Vou colocar uma lista para dar uma ajuda com as principais dúvidas:

- *Amostra de produto:* pergunte se a fábrica fornece uma amostra do produto para você conhecer. Apesar de não existir uma regra padrão para o envio de amostras, a maioria dos fornecedores aceita enviar, cobrando o custo unitário do produto mais o envio. Nesse caso, o envio deve ser aéreo, já que o tempo de chegada fica entre dez e quinze dias, mas o custo do frete pode ficar bem mais caro do que a própria amostra. Ao chegar ao Brasil, paga-se impostos sobre o valor do produto e do frete também. Porém, não se preocupe com isso. Entenda que esses custos são apenas um passo necessário para lhe dar a segurança de importar ou não o produto futuramente.

- *Tipo de embalagem:* pergunte se o produto tem alguma embalagem e como é essa embalagem. Dependendo da resposta, pode ser que você tenha que cuidar dessa parte aqui no Brasil. Por exemplo, um lote de canetas pode vir solto e, chegando aqui, você precise colocar em caixas individuais. Isso vai ter um custo para o negócio.
- *Vendas no Brasil:* questione se o fornecedor já tem clientes no Brasil. Isso lhe dá mais segurança de que a empresa cumpre com os seus compromissos. Alguns vendedores até dizem quem são seus clientes importadores. Isso pode ajudar a entender melhor o tamanho da empresa fornecedora e a qualidade dos produtos.
- *Garantia em caso de defeito:* confirme com o fornecedor como funciona a garantia em caso de defeito. Pode ser que ele mande novos produtos ou conceda créditos para a próxima compra, e

pode existir ainda a possibilidade de já mandar algumas peças adicionais, para o caso de alguma apresentar defeito. Cada empresa tem a própria regra. Tratar disso com antecedência é mais importante ainda em caso de produtos eletrônicos, pois esses produtos já apresentam um percentual de defeitos conhecido pelos fabricantes e você pode negociar o envio de produtos sobressalentes para manter em estoque. Entender essa regra é importante, pois a venda de produtos importados no Brasil acarreta a responsabilidade de troca ou conserto. Você vai ter que resolver a questão com o fornecedor no estrangeiro, mas a responsabilidade com o cliente brasileiro é sua.

- *Níveis de marca própria:* consulte o nível permitido de personalização da sua marca própria. A maioria das fábricas permite essa personalização, porém algumas exigem encomenda mínima e outras cobram um valor pela aplicação da marca própria, principalmente na primeira encomenda. Verifique essa questão no momento da cotação. Existem quatro níveis:
  - Nível 1 – aplicação da marca sem mudanças no produto. Por exemplo, uma escova de dentes com a sua marca estampada.
  - Nível 2 – aplicação da marca com uma pequena mudança que não envolve o produto em si. Pode ser uma embalagem diferente. Continuando no exemplo da escova de dentes, ela

pode vir embalada em uma caixa de papelão com o seu logo ou em uma embalagem transparente que mostre o produto e a sua marca. É uma pequena adição que valoriza o produto.

- Nível 3 – aplicação da marca com pequenas mudanças do produto. Você pode pedir que façam a escova de dentes com duas cores, por exemplo, ou com cerdas especiais. É uma personalização, mas o produto continua sendo o mesmo.

- Nível 4 – desenvolvimento de um produto exclusivo para a marca. Você cria a sua escova de dentes, com designer exclusivo e personalização da maneira que quiser, e o fornecedor o fabrica. Nesse caso, é importante celebrar um acordo entre as partes, para garantir o segredo industrial.

- *Fotos dos produtos:* se você tem uma referência do produto que deseja, pergunte ao fornecedor se pode mandar uma foto para que ele verifique se tem algo similar.

- *Produto montado ou desmontado:* dependendo do que você comprar, pode ser que venha desmontado. Questione o fornecedor a esse respeito. Caso venha desmontado, terá que acrescentar o custo da montagem quando chegar por aqui.

- *Prazo para entrega do produto:* verifique o prazo para fabricação e entrega do produto, ou seja, de quanto tempo o fornecedor precisa para liberar a carga para expedição lá no país de origem. Depois disso, ele tem algum tempo para chegar ao Brasil, mas essa responsabilidade é sua, e vamos falar sobre isso nos próximos capítulos. Aqui, você precisa saber como funciona no fornecedor. Dependendo do grau de personalização da marca, esse prazo muda.

- *Peso e volume da carga:* peça ao fornecedor uma estimativa de tamanho das caixas e peso para o transporte da sua carga. Isso se chama cubagem. Pergunte também se vem tudo na mesma caixa ou em várias caixas. Você tem que saber disso para fazer a estimativa de frete (vamos falar sobre isso adiante).

Com todas essas informações, crie uma lista com os fornecedores mais importantes e os dados colhidos em cada um deles. Até agora, você sabe quanto o produto está custando lá na China. Vamos partir para a próxima etapa: estimativa de custo para envio ao Brasil.

3. Estimativa de custo de importação

Para o produto chegar ao Brasil, é preciso pagar todos os impostos devidos e o frete, o que aumentará muito aquele custo da planilha de preços.

O frete pode ser aéreo ou marítimo. A diferença entre eles está no preço e no prazo de chegada ao Brasil.

O valor do aéreo é mais alto, mas a entrega é rápida, em cerca de quinze dias. Já o valor do marítimo é mais baixo, porém a chegada ao país pode levar até 45 dias depois que o fornecedor entregar a encomenda no país de origem. Essa é uma avaliação que precisa ser feita com muito cuidado. Pela minha experiência e considerando o valor, vale a pena se planejar e usar o marítimo. Mas vamos supor que você precise repor um estoque e tenha uma encomenda gigante para ser entregue rapidamente ao cliente. Em casos muito específicos, a opção é a entrega aérea, mas para isso você precisa fazer a conta na ponta do lápis, para não ter prejuízo. Tome cuidado!

O valor do frete vai depender do peso e do volume (cubagem), por isso que, para uma previsão do valor, você precisa perguntar para o fornecedor o tamanho e o peso das caixas. Com essa informação, baixe a planilha no QR Code a seguir para fazer um cálculo aproximado do valor para transportar esses produtos de lá para cá. Sugiro também assistir ao vídeo que disponibilizo no mesmo QR Code para entender um pouco mais sobre esse processo de logística.

- PARA ACESSAR O QR CODE, BASTA APONTAR A CÂMERA DO SEU CELULAR OU DIGITAR WWW.RODRIGOGIRALDELLI.COM.BR/LIVRO-PLANILHA EM SEU NAVEGADOR.

O valor do frete funciona mais ou menos como o valor de uma passagem aérea. Com certeza você já pesquisou o valor de uma passagem pela manhã e, quando foi fazer a mesma pesquisa à noite, o valor era outro. Essa mesma variação acontece com as empresas de cargas. Na planilha que eu disponibilizo, o valor é atualizado e, portanto, a estimativa será mais próxima da realidade.

Já em relação aos impostos, independentemente do produto que você vá importar, é preciso pagar o Imposto de Importação (II). Trata-se de uma taxa cobrada pela União sobre todos os produtos que entram no país para serem comercializados. Varia entre 1% e 35%, dependendo do tipo de produto que está importando. Além do II, existem outros impostos federais e estaduais. Cofins, PIS, IPI, ICMS são impostos que você terá que pagar, mas não existe uma alíquota fixa. Cada Estado tem sua arrecadação própria e define as regras, e isso muda também de acordo com o produto.

Para saber quais impostos incidem sobre o produto que está planejando comercializar, pesquise o seu código NCM (Nomenclatura Comum do Mercosul). É uma classificação fiscal que todo produto tem e que une todos os tributos envolvidos nas operações de comércio exterior e de produtos industrializados. No site do Ministério da Fazenda, é possível ter acesso a esses códigos. Consultar o NCM também é importante para saber se existe alguma regulamentação específica para comercialização do produto no Brasil.

Na planilha que liberei com o QR Code na página 101, você consegue fazer a simulação de acordo com o produto. A legislação tributária no Brasil é bem burocrática. Quando for fazer a importação, você vai precisar do apoio de um profissional especializado. Mas, por enquanto, como está fazendo uma simulação, a planilha já vai ajudá-lo muito nessa etapa.

Claro que a importação vai acarretar ainda outros gastos, como o pagamento de um despachante aduaneiro, diárias de armazenagem da carga esperando liberação no porto ou no aeroporto e o frete para transportar a mercadoria até o centro de estoque. Mas o que você precisa nessa etapa é uma estimativa de gastos para saber o valor final do produto e se vale a pena mesmo importá-lo.

Ficou complicado demais? Vou dar uma dica prática: pense que todos os custos para trazer a carga ao Brasil vão ser, aproximadamente, o dobro do valor que você vai gastar com a mercadoria. Se gastou 10 mil reais, por exemplo, estime que o valor total da sua carga será 20 mil. Mas, atenção, esse cálculo serve apenas para ter uma ideia aproximada, pois o valor exato deve ser obtido com as planilhas que disponibilizei. É impossível fazer uma conta exata sem saber qual produto você pretende importar, pois os impostos variam de acordo com o produto. Também não tem como sem saber o volume e o peso da carga, pois o frete depende dessa informação e, na importação, paga-se imposto inclusive sobre o valor do frete internacional.

Com a informação de custos de importação e a cotação de preços, você consegue descobrir quanto o produto vai custar.

Então, vamos pensar que você comprou 5 mil escovas de dentes pelo custo total de 6 mil reais. Os custos de importação somam mais 6 mil reais, totalizando 12 mil reais. Assim, cada unidade da escova custará 2,40 reais para o negócio. Guarde esse valor e vamos partir para a próxima análise.

4. Valor do produto no Brasil

Agora, vamos analisar o custo de comprar um produto similar no Brasil também em grande quantidade. O ideal é que o seu produto importado chegue, no mínimo, 30% mais barato do que um produto igual ou similar comprado em atacados ou importadoras no Brasil. Preferencialmente, sugiro que seja 50% menor ou ainda mais barato que isso. Não há limites aqui: **quanto menor o custo, maior o lucro**.

Usando o exemplo da escova de dentes, o negócio pode valer a pena se o preço do atacado brasileiro for superior a 3,60 reais. Menos que isso, você precisa calcular bem, pois considere que o tempo total entre a

QUANTO MENOR O CUSTO, MAIOR O LUCRO.

IMPORTAÇÃO INTELIGENTE
@rodrigogiraldelli

compra e o recebimento de uma importação é de aproximadamente noventa dias. Estou considerando trinta dias para o fornecedor fabricar e entregar o produto na China ou no país de origem, mais 45 dias de transporte e mais o tempo de despacho aduaneiro. É preciso considerar se vale mesmo a pena esperar esse tempo para começar a vender um produto com margem de lucro baixa. Vamos entender melhor isso.

5. Margem de lucro

Se você gostou do preço da mercadoria na China ou no país que escolheu, considerou os custos de importação e, mesmo assim, concluiu que fica melhor trazer de fora do que comprar no Brasil, descobriu que vale a pena importar. Mas será que vale a pena vender esse produto no Brasil? Para isso, é preciso analisar a margem de lucro.

Como já mencionei, há produtos com margem de lucro muito pequena, enquanto outros têm margens mais altas. Quanto maior a margem, melhor será para o negócio.

Se o produto tem um custo de 20 reais e o preço de venda ao consumidor for 25 reais, é um péssimo negócio. Mas se eu conseguir vender por 40 ou 50 reais, aí sim vale a pena. O ideal é sempre se aproximar do triplo, ou mais, do valor de custo, principalmente no caso de uma marca própria. Isso agrega valor ao produto, aumentando o preço no mercado.

Já que falei tanto da escova de dentes, pense que, se custou 2,40 reais, terei que vendê-la por, no mínimo, 7,20 reais. Isso é possível?

Porque não adianta ter um produto lindo, com uma marca bem trabalhada, se ele não vender. No fim, a decisão será sempre a financeira.

Portanto, unindo todos os elementos que viu até agora, você precisa tomar uma decisão. Se achar que a compra compensa, então siga para o próximo capítulo. Mas se acha que a margem de lucro não compensa a compra, você tem duas saídas possíveis. A primeira é tentar aumentar a quantidade de itens no fornecedor. Quanto maior o pedido, menor o preço, lembra-se? Ao diminuir o preço da mercadoria unitária, você consegue alargar a margem.

A segunda é trocar de produto. Cliente que casa com o produto – aquele que, mesmo constatando que as vendas não estão boas, continua persistindo no erro – está levando o negócio para o buraco. Nunca se case com o produto. Tenho clientes que encontraram a mercadoria e o mercado ideais na oitava tentativa. Mas encontraram, e agora estão surfando nessa onda. Então, por que você vai desistir agora?

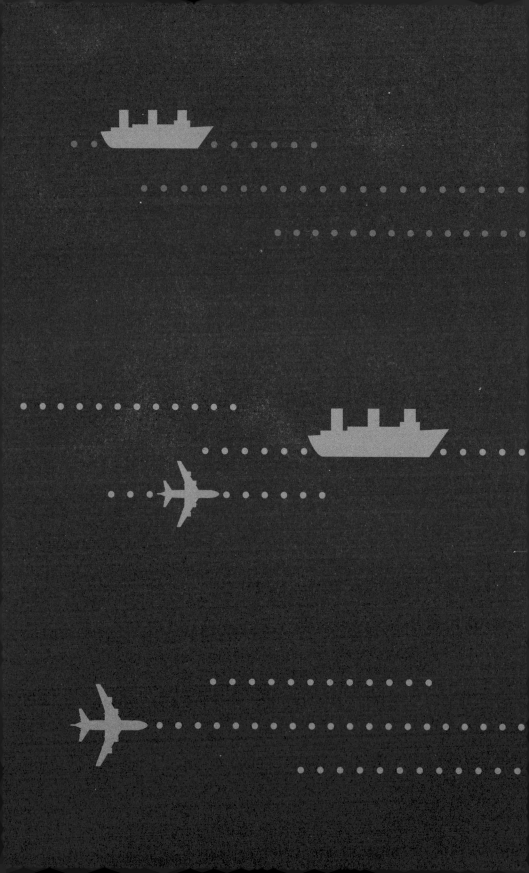

CAPÍTULO 7

Etapa 4: necessidade de capital

CAPÍTULO 7

Etapa 4:
Necessidade
de capital

Como você viu no capítulo anterior, a importação é um processo que leva alguns meses. O tempo entre a compra com o fornecedor até a chegada da mercadoria no Brasil para começar a ser vendida é de, pelo menos, noventa dias. É uma operação que exige planejamento financeiro, porque o dinheiro entra na frente. Você paga a mercadoria à vista no momento da encomenda, paga os custos de frete também à vista quando a carga sai do país de origem e depois ainda precisa arcar com os impostos devidos na hora de despachar a carga na aduana, ou seja, na Receita Federal, quando chegar ao Brasil.

Por isso a compra tem que ser muito bem-feita para compensar o investimento antecipado. Afinal, enquanto a mercadoria não chega, o que você faz? A sua empresa tem que continuar rodando. Ou, se está iniciando um negócio, tem que usar esses meses para planejar a nova empreitada.

Assim, no planejamento que você está criando, é preciso considerar a necessidade de capital para essa operação. Repito: importar vale a pena, mas tem que ter disponibilidade de capital.

Essa necessidade pode ser suprida de três maneiras:

- Capital próprio;
- Capital financiado;
- Capital de terceiros.

Vou falar sobre cada um deles.

Capital próprio

Bancar toda a operação com capital próprio é a opção mais fácil, pois você não precisa fazer nenhuma negociação com outras pessoas e muitas vezes até depender da decisão deles para seguir em frente. Usando dinheiro próprio, o risco é seu.

O único problema dessa opção é o planejamento prévio. Você vai precisar pagar no ato cada uma das etapas de que falamos no capítulo anterior, não existe extensão de prazo, e precisa também reservar um valor extra para imprevistos. Mas se você se preparou com antecedência, prevendo esses meses de baixo fluxo ou até sem fluxo de caixa, está resguardado e pode seguir em frente.

Capital financiado

Existem linhas de crédito oferecidas pelos bancos que são próprias para importação. A mais conhecida é o

Finimp (Financiamento à Importação) – uma saída para as empresas conseguirem mais tempo para pagar os produtos adquiridos de fornecedores estrangeiros. A vantagem do Finimp é que as taxas de juros são mais baixas do que as praticadas em produtos de financiamento dos bancos. Além disso, o financiamento acontece em moeda estrangeira e o valor é repassado diretamente para o fornecedor. Alguns bancos permitem financiar até mesmo a parte de desembaraço aduaneiro.

A desvantagem é que você precisa ser cliente da instituição e o valor liberado de empréstimo depende do seu crédito, pois aqui o risco é do banco, então ele precisa ter garantia de que você tem como pagar o valor financiado.

Caso tenha interesse nessa modalidade de crédito, sugiro pesquisar antes com o gerente da sua conta no banco com o qual já tenha relacionamento, pois o valor liberado pode interferir no seu pedido no fornecedor.

Capital de terceiros

Para usar capital de terceiros, existem dois caminhos: buscar um sócio ou um investidor.

O sócio vai dividir com você todas as despesas e também a gestão da empresa. Já o investidor não tem qualquer relação com a empresa. Ele pode entrar com dinheiro para investir na empresa como um todo ou vocês podem criar uma parceria estratégica para uma ou duas importações apenas. Tudo vai depender da negociação entre vocês, assim como a divisão do lucro e, posteriormente, o pagamento ou não desse investimento, caso esteja no acordo.

Mas o investidor gosta de ter segurança. Então vai querer saber como o dinheiro investido será usado, os custos da operação, a margem de lucro, a expectativa de venda, a expectativa de lucro, a situação atual do mercado em que vai atuar, a situação no mercado físico e on-line, entre outras questões.

Aqui fica clara a necessidade de ter tudo anotado e planilhado, tal qual estou ensinando desde o capítulo 1. O problema é que o comerciante brasileiro é tão apaixonado pelo que faz, que tem o hábito de trabalhar mais com o coração do que com a razão. E investidores usam a lógica contrária: primeiro querem números para depois se apaixonarem pelo negócio. Portanto, quanto mais organizado você estiver, mais fácil será buscar um investidor. Quando transmitimos segurança, o investidor entende o benefício de estar ao nosso lado mesmo correndo riscos – afinal todo investimento é uma conta de risco e retorno – e fica mais propenso a entrar no negócio.

Nada impede que você tenha mais de um sócio ou mais de um investidor. Mas essa organização e essa divisão precisa ser acertada entre todos os envolvidos. Não se esqueça de que você vai dividir com o sócio tudo em relação à empresa, inclusive prejuízos e a administração. Se a mercadoria encalhar, por exemplo, vocês podem decidir juntos fazer uma liquidação e queimar todo o estoque. Ou desfazer a sociedade e dividir o estoque entre as partes, para cada um decidir o que fazer com ele.

Já o investidor não trabalha na empresa, mas o acordo entre vocês precisa ser bem negociado, principalmente quanto à distribuição de lucro e a necessidade ou não de devolução do valor investido. Fique atento ao negócio que vai propor nesse tipo de negociação. Também existe a possibilidade de acertar um *smart money*: quando o investidor, além de entrar com o dinheiro, também oferece conhecimento do mercado.

Como você viu, a necessidade de capital vai existir de qualquer maneira, o que você precisa é avaliar a melhor escolha para o seu negócio. Claro que entrar sozinho é sempre o caminho mais fácil. Mas você consegue rodar sozinho? Ou seja, tem dinheiro para investir nessa importação? Se a resposta for não, mas você tem crédito no banco, é melhor do que procurar um sócio, por exemplo. Mesmo com altos juros, é melhor pegar o dinheiro no banco, que vai cobrar juros sobre o capital, do que de um sócio ou investidor, que vão ficar com uma parte do lucro.

Pensando nisso, a ordem de escolha deveria ser a seguinte:

1. Você forma o seu capital, importa e fica tudo com você.

Etapa 4: necessidade de capital **115**

2. Você recorre ao banco. Atente-se que está assinando um contrato com prazo de vencimento, então tem que se planejar para pagar tudo como acordado. E os bancos não aceitam mercadoria como parte de pagamento!

3. Você encontra um investidor ou sócio. Eles assumem mais riscos que o banco, mas também cobram mais por isso.

A decisão da escolha também precisa ser baseada nas contas de todo o processo – etapas 1, 2 e 3 – na ponta do lápis. Se você tiver a expectativa de vender o produto pelo dobro ou mais e der errado, faz uma promoção baixando a margem de lucro, pega seu dinheiro de volta e repete todo o ciclo com outro produto.

Daí a importância de trabalhar com produtos que permitam margem alta. Quem faz isso tem o que chamamos de margem de manobra, ou seja, aquela em que, mesmo se baixar o lucro, o investimento permanece intacto.

Agora, se o produto tem uma margem apertada, caso a venda não fique dentro da expectativa, você perde essa margem de manobra e aí o prejuízo é iminente. Fique atento!

POSSO COMPRAR A PRAZO?

Até existe a possibilidade de comprar a prazo lá no fornecedor, principalmente com os chineses. Mas não é tão comum e é algo que, quando acontece, vem depois de anos de relacionamento e bons negócios. E mais: a proposta parte sempre do fornecedor. Ele repara que você é um bom comprador e pergunta do que precisa para comprar mais. Ao ouvir isso, responda: "Eu só não compro mais porque não tenho capital. Você tem condições de me dar um prazo baseado nas minhas compras?". Não tenha receio de perguntar. Afinal, se o fornecedor abriu uma brecha para falar do assunto, é a sua deixa para lançar a pergunta correta.

Tenho um cliente que compra do mesmo fornecedor há quatro anos e faz um trabalho bem bacana com marca própria. Vendo esse interesse e o cuidado para valorizar o produto, com loja própria on-line e fazendo até um marketing digital legal, o fornecedor chinês propôs um prazo de pagamento para ele comprar em maior quantidade. Primeiro foram trinta dias para pagar. Um tempo depois, ele concedeu sessenta dias de prazo. E agora meu cliente está com noventa dias para pagamento. Ou seja, consegue encomendar, receber e começar a vender para depois pagar o chinês com o lucro da própria mercadoria.

Considere que não há um padrão para todos os fornecedores. Naturalmente, existem fornecedores que nunca venderão a prazo para você, ao mesmo tempo que há outros, mais ousados e propensos a crescimento acelerado da empresa deles, que podem oferecer crédito para você comprar em um curto espaço de tempo. Isso vai sempre depender da confiança que o fornecedor tem em você e, principalmente, do seu relacionamento e resultado que gera para ele.

Decisão da compra

Se você já sabe o que comprar, já sabe o quanto custa e como vai conseguir o dinheiro para bancar a empreitada, chegou o momento de decidir se vai seguir em frente. Até agora, trabalhamos apenas com simulações e expectativas, para você ter uma ideia de importação. O próximo passo é organizar a sua empresa legalmente para poder importar. E isso só vale a pena, claro, se você tiver certeza de que quer importar.

Para fortalecer a sua decisão, pense que o lucro sempre tem que estar associado ao custo de oportunidade, que é o valor que uma pessoa deixa de ganhar ao escolher entre uma ou outra alternativa.[19] Dessa maneira, o que é lucrativo para mim pode não ser lucrativo para você, porque temos custos de oportunidade diferentes.

Tenho clientes que, se lucrarem 10% líquido sobre o valor das vendas, estão satisfeitos, porque trabalham com produtos que vendem muito, algo na casa de sete dígitos. O custo de oportunidade é menor. Mas um cliente que vende bijuterias nunca trabalharia com margem de 10%, tem que ser de 30% para cima, pois é um produto de moda, que pode sobrar de uma coleção para outra e não vender mais. Então, é um custo de oportunidade maior.

---

19 O QUE é custo de oportunidade? **Exame**, 22 mar. 2023. Disponível em: https://exame.com/invest/guia/o-que-e-custo-de-oportunidade/. Acesso em: 18 set. 2024.

Considerando esse custo de oportunidade, a decisão vai ser diferente para cada um. O que não muda é o ponto de partida da decisão, que deve vir da seguinte pergunta: "Compensa para mim?".

Se a diferença entre o custo do produto no fornecedor e o valor pelo qual consigo vendê-lo for boa, então o negócio é lucrativo. Tenho capital? Sim, então posso avançar. Se não for lucrativo, mesmo com capital para investir, sugiro voltar às etapas 1 e 2 e reavaliar o produto. Se você tiver lucro, mas não tiver capital, vai ter que voltar ao início deste capítulo e encontrar outra maneira de conseguir o valor suficiente.

Mas se a resposta for sim para o produto, sim para a margem de lucro e sim para o capital investido, vamos seguir em frente, pois é o momento de cuidar da documentação para sua empresa conseguir fazer a importação da maneira correta. Siga comigo para o próximo capítulo.

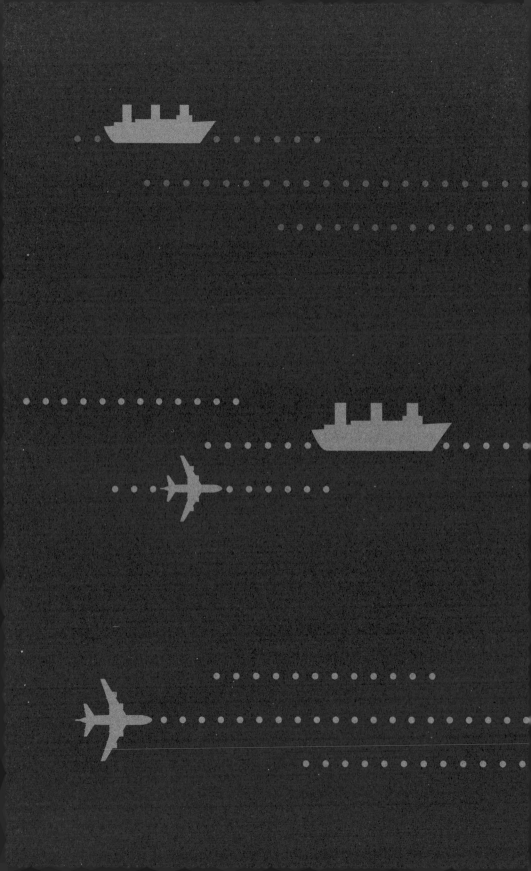

CAPÍTULO 8

Etapa 5: criação da empresa

Não existe importação em escala, ou seja, em grande quantidade, sem uma pessoa jurídica responsável por todo o processo. Conforme a legislação, qualquer importação com finalidade comercial tem que ser feita por meio de pessoa jurídica e seguir todos os trâmites legais. Importação com CPF só existe para uso e consumo, o que não é objetivo do negócio que você está criando. Não tem como fugir dessa regra.

O primeiro fator que você precisa saber é que qualquer empresa pode importar. Não existe na lei uma obrigatoriedade quanto à categoria da empresa jurídica. Independentemente do enquadramento – MEI, ME, EPP, entre outras –, a sua empresa pode ser uma importadora. O que vai determinar o tipo de empresa que você vai criar é a previsão de faturamento anual.

Portanto, aqui você já tem que ter ideia do montante que quer importar e vender ao ano. Você vai fazer uma importação por ano? Duas? Três? Se você importar mais, vai faturar mais também. Um está ligado ao outro perante os órgãos fiscalizadores. Um MEI (Microempreendedor Individual) pode faturar até 81 mil reais por ano (além de não poder ter sócios e ser possível contratar apenas um colaborador). Já uma ME (microempresa) tem um teto de 360 mil reais faturados por ano, e uma EPP (empresa de pequeno porte) pode ir até 4,8 milhões de reais.[20] Quem ultrapassa esse limite precisa regularizar a empresa dentro de cada enquadramento e ainda fazer o recolhimento de impostos adequado à categoria.

Entende por que os primeiros passos foram todos focados na cotação de produtos e necessidade de capital? Ter essa noção é fundamental para embasar o tipo de empresa que vai abrir ou os ajustes que terá que fazer, caso sejam necessários, na empresa que já possui.

Caso a ideia seja abrir um MEI, você não precisa de contador e pode fazer tudo pelo Portal do Empreender no site do Governo Federal (www.gov.br/empresas-e-negocios/pt-br/empreendedor). Já para os demais, é preciso contratar esse profissional.

O segundo fator diz respeito a quem já tem uma empresa aberta e vai usar o CNPJ no novo negócio. Esse CNPJ só vai valer se estiver ativo e em situação regular. Isso atesta que todas as obrigações fiscais e legais estão em dia e que a empresa está liberada para operar. Caso haja alguma pendência – CNPJ inapto, suspenso

---

[20] Valores definidos pelo governo federal até o fechamento desta edição. (N.E.)

ou nulo –, você vai precisar resolver antes de começar a comprar do fornecedor no estrangeiro.

Já o terceiro fator é que no seu CNPJ deve constar como atividade econômica "empresas ligadas ao comércio", como loja, mercado e outras do tipo. No Brasil, as pessoas jurídicas são divididas em três grandes blocos: comércio (compra e venda de produtos), indústria (produção de produtos) e prestação de serviços (fornecimento de serviços). Apenas aquelas registradas como comércio podem fazer a importação e posterior venda de produtos. Caso você já tenha uma empresa prestadora de serviços ou uma indústria, pode até continuar usando o mesmo CNPJ, mas para isso terá que acrescentar essa nova atividade empresarial – comércio – no contrato social.

O quarto fator é a escolha da CNAE (Classificação Nacional das Atividades Econômicas). Trata-se de um código que determina quais atividades podem ser exercidas por uma empresa. Toda empresa tem uma CNAE definida como atividade primária e pode ter outras como secundárias, desde que sejam de naturezas relacionadas. Aqui, mais uma vez, saber o que você vai importar faz diferença.

Se você vai vender brinquedos, o código CNAE tem que ser para comércio varejista de brinquedos. Se a ideia é vender bijuterias, o seu CNAE tem que ser condizente a isso. Não dá para vender pneu de carro e ter um CNAE de produtos de higiene pessoal, por exemplo.

Usar o mesmo CNPJ ou não?

Chegamos a um ponto importante a ser analisado por quem já tem uma empresa. Será que vale a pena continuar usando o CNPJ com as devidas alterações ou é melhor abrir uma nova empresa já com o enquadramento adequado?

Essa é uma decisão individual e deve ser tomada levando em consideração o negócio que você já tem, o tipo de pessoa jurídica que está enquadrada, a classificação tributária e também possíveis mudanças na estrutura societária, ou seja, se entraram novos sócios no negócio. Sugiro conversar com um contador, pois ele pode ajudá-lo a tomar essa decisão.

Com o CNPJ aberto e regular, escolha uma agência bancária para abrir uma conta-corrente dessa pessoa jurídica. Sem isso, você não tem como pagar a mercadoria para o fornecedor já que a ordem de pagamento internacional sairá dessa conta (falarei mais sobre isso no próximo capítulo). Ela também será o seu meio para receber os pagamentos dos produtos que vender.

Sistema Siscomex

Com o CNPJ aberto ou CNPJ devidamente enquadrado, o próximo passo é se cadastrar no Siscomex (Sistema Integrado de Comércio Exterior). Trata-se de um

126 Importação inteligente

sistema que integra as atividades de registro, acompanhamento e controle das operações de comércio exterior no Brasil.[21] Por meio dele, a Receita Federal tem o registro de todas as suas importações.

Quem não tem cadastro nesse sistema não pode importar. Aliás, é o registro no Siscomex que torna a empresa uma importadora.

Existem três categorias nesse sistema:

1. Limitada – 50 mil dólares: destinado a empresas que planejam importar até 50 mil dólares a cada seis meses. Todo o processo é on-line e em dez minutos o cadastro está pronto, pois não existe análise prévia. Porém, caso o CNPJ tenha alguma restrição na Receita Federal, o cadastro pode ser negado.
2. Limitada – 150 mil dólares: destinado a empresas que planejam importar até 150 mil dólares a cada seis meses. O cadastro também é on-line, mas a Receita pode fazer uma análise operacional e financeira da empresa a seu critério. Em alguns casos, a análise é eletrônica, mas pode ser que sua inscrição seja classificada em um status

---

21 SISTEMA Integrado de Comércio Exterior (Siscomex). **Gov.br**, 11 jul. 2022. Disponível em: www.gov.br/empresas-e-negocios/pt-br/invest-export-brasil/exportar/acesse-sistemas-de-comercio-exterior/portal-unico-de-comercio-exterior. Acesso em: 18 set. 2024.

que requeira a inclusão de alguns documentos para comprovar sua condição de importar nessa faixa. Já a análise operacional diz respeito à estrutura de funcionamento da empresa. Ela pode solicitar, por exemplo, uma visita às instalações, para avaliar se está tudo em ordem. Repare que não existe uma certeza. A Receita pode ou não pedir. Nesse caso, o tempo de liberação é de 30 dias a partir da entrega dos documentos.

3. **Ilimitada:** destinado a empresas que planejam importar a partir de 150 mil dólares a cada seis meses. O procedimento é o mesmo da modalidade anterior. Então pode ser que a Receita peça uma análise financeira e operacional, porque quer ter certeza de que a empresa solicitante do cadastro realmente tem caixa para arcar com esse volume de importações. Não faz sentido, por exemplo, uma empresa enquadrada como MEI querer importar mais de 150 mil dólares. Só o valor da compra já ultrapassa o faturamento anual permitido para esse tipo de empresa. A Receita quer evitar fraudes.

O melhor momento para pedir esse registro é quando estiver prestes a importar, porque a habilitação expira após um ano sem importar.

Acesse o QR Code a seguir para aprender a fazer o cadastro no Siscomex.

PARA ACESSAR O QR CODE, BASTA APONTAR A CÂMERA DO SEU CELULAR OU DIGITAR WWW.RODRIGOGIRALDELLI.COM.BR/LIVRO-RADAR EM SEU NAVEGADOR.

Preparar a empresa é trabalhoso e burocrático, mas não há como fugir dessa etapa. Porém, tenho uma boa notícia: com a casa em ordem, você está preparado para dar o *start* no processo de importação, assunto que abordaremos no próximo capítulo.

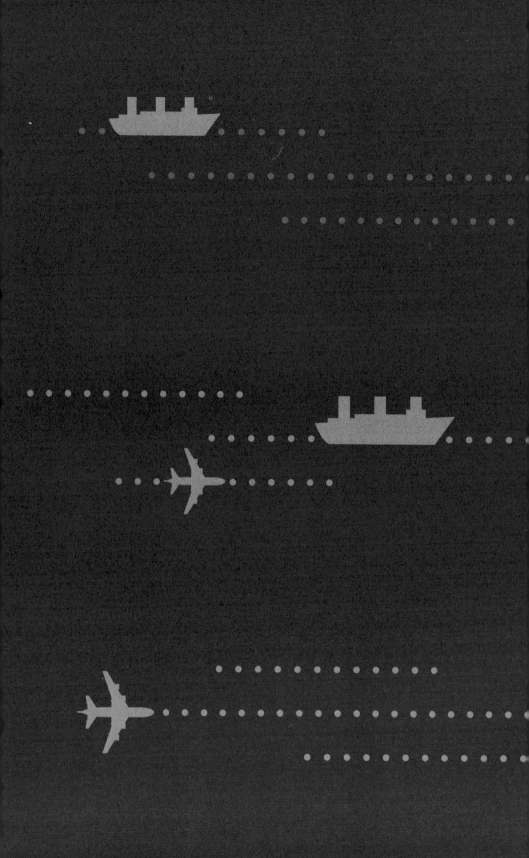

CAPÍTULO 9

Etapa 6: a importação

Lembra-se daquela cotação de produtos e simulação de custos que você fez na etapa 2? Agora chegou o momento de colocar em prática toda essa negociação e o que planejou. Chegamos à etapa 6, que vai falar sobre a importação da mercadoria.

Sabemos que fazer negócios no Brasil não é fácil, pois ainda somos um país burocrático. No ranking do Banco Mundial, que compara o ambiente de negócios em 190 países do mundo, estamos na 124ª colocação.[22] E a importação é um dos braços dessa burocracia toda. Por isso, o cuidado é mais que necessário nessa etapa.

Tudo começa lá no fornecedor – a China ou o país que você escolheu para cotar seu produto – e termina em seu depósito de estoque, seja a sua própria casa ou um galpão, um escritório, uma loja, o local que você definiu para guardar o que vai receber. Tenho clientes que guardam tudo em um cômodo de casa, pois são itens pequenos, como canetas, peças automotivas e

---

[22] EASE of Doing Business in Brazil. **World Bank Group**. Disponível em: https://archive.doingbusiness.org/en/data/exploreeconomies/brazil. Acesso em: 15 set. 2024.

óculos, que não ocupam tanto espaço. Isso é normal, principalmente nas primeiras importações, e não há nenhum problema legal, desde que esse endereço esteja no contrato social quando você criou seu CNPJ. Outros, porém, por causa do volume da mercadoria, preferem alugar um galpão ou um depósito e mandar o estoque para lá. Imagine uma empresa que importa bicicletas? Por mais que venham desmontadas, o grande volume de peças requer um local que comporte tudo isso.

A importação pode ser separada em duas etapas. A primeira acontece no país de origem e a segunda no Brasil. E cada uma delas tem várias subdivisões, porque respeitar as regras é importante para o processo não sofrer atrasos e a sua empresa ser multada por não cumprir obrigações legais ou não ter a documentação adequada. Em alguns casos, há até a possibilidade de perda da mercadoria. **Não existe quebra-galho quando falamos de importação.**

Por mais que seja uma negociação comum entre duas empresas, o que está por trás disso são dois países, e existem entre eles regras a que todos devem obedecer.

Considerando que você já fez a sua habilitação no Siscomex, como falei no capítulo anterior, agora é hora de voltar ao fornecedor e confirmar seu pedido. Essa é a primeira parte da etapa internacional da importação.

NÃO EXISTE QUEBRA-GALHO QUANDO FALAMOS DE IMPORTAÇÃO.

IMPORTAÇÃO INTELIGENTE
@rodrigogiraldelli

Etapa internacional: da compra da mercadoria ao despacho para o Brasil

Retome o contato com o fornecedor que escolheu ainda via chat e confirme que fará o pedido. Ali mesmo negocie todos os termos e avise que o envio será feito via marítima ou aérea, como você preferir, porém por meio de um agente de cargas que você escolheu. Deixe essa informação muito clara.

Você não vai comprar direto pela plataforma, porque a logística deles é muito cara. A plataforma será apenas um canal de comunicação para fechar o negócio.

No fechamento do pedido, confira todos os dados possíveis:

Modelo do produto	Confira todos os detalhes do produto, para ter certeza de que é aquele que vai encomendar. Não se esqueça de verificar também as cores e todos os demais detalhes.
Personalização da sua marca própria	Qual é o nível da sua personalização? Vai colocar logotipo? Onde esse logotipo ficará? Como mandar o logotipo para o fornecedor? De que cor será o logotipo? Embalagem especial ou padrão? Tudo isso precisa ser acertado agora, assim como o envio de uma amostra da personalização para aprovação.

136 Importação inteligente

Quantidade de itens	Número de peças que serão enviadas, se virão montadas ou desmontadas e se virão soltas ou acondicionadas em caixas individuais.
Preço	Preço unitário da peça e o total da encomenda.
Prazo de entrega	Em quantos dias a encomenda será entregue para o despacho para o Brasil. Esse prazo varia muito, pois depende da disponibilização de estoque do fornecedor e do grau de personalização que for acertado.
Garantia do produto	Como será feita a garantia do produto: em créditos, em peças adicionais, em devolução do valor? Acerte isso já. Além disso, esse acordo deve estar anotado no pedido.
Pagamento	Alguns fornecedores exigem pagamento integral no ato do pedido e outros pedem uma parte no pedido e o restante quando a mercadoria fica pronta. Normalmente, são 30% na encomenda e 70% antes do envio. O importante é que tudo seja pago quando o produto ainda estiver no país de origem. Falamos sobre isso no capítulo 7.

Etapa 6: a importação

Caso sinta a necessidade, antes de fechar a encomenda, contrate um profissional para fazer uma inspeção na fábrica e atestar a qualidade do produto. É muito comum empreendedores optarem por não se deslocarem até a China nas primeiras importações, pois isso representaria um custo muito alto e não valeria a pena, principalmente se for uma encomenda de itens de valor baixo.

Na minha primeira importação, não contratei um vistoriador porque fiquei um mês negociando com o fornecedor e era um baixo volume de investimento para a empresa para a qual eu trabalhava na época, cerca de 5 mil dólares. Mas recomendo sempre fazer a inspeção para pedidos de valor alto ou se for preciso conferir detalhes específicos do produto. Nesses casos, e em outros a seu critério, é interessante ter esse suporte.

Pagamento da encomenda

Com tudo isso confirmado e checado, o fornecedor vai emitir uma *commercial invoice* ou fatura comercial para o CNPJ que você habilitou para importação. Essa ordem de pagamento segue um padrão internacional, com todo o detalhamento da encomenda, inclusive a forma de pagamento – se em uma ou duas vezes –, e tem força de contrato. No QR Code a seguir, você pode consultar como é o documento padrão.

- PARA ACESSAR O QR CODE, BASTA APONTAR A CÂMERA DO SEU CELULAR OU DIGITAR WWW.RODRIGOGIRALDELLI.COM.BR/LIVRO-DOCUMENTOS EM SEU NAVEGADOR.

Com ele em mãos, entre em contato com seu banco de relacionamento ou procure uma corretora de câmbio credenciada pelo Banco Central para fazer o pagamento. Você escolhe o que é melhor, pois essas instituições cobram uma taxa por esse serviço. O ideal é pagar a *commercial invoice* assim que for emitida, porque é calculada em dólar, que sofre alteração bem dinâmica no valor. Caso haja uma alta repentina da moeda, a sua encomenda ficará mais cara. Pode ser que o valor da moeda baixe também, claro, mas aí você precisa avaliar o risco que está disposto a correr.

Além disso, o pagamento não chega imediatamente para o fornecedor. São dois dias para a confirmação. Quanto mais você demorar para pagar as mercadorias, mais tempo levará para receber sua encomenda.

Gerenciamento da produção

Quarenta e oito horas após o pagamento, confirme a sua encomenda com o fabricante. A partir daqui você começa a gerenciar a produção: conferindo se o produto entrou em produção e se o prazo de entrega será cumprido. Mantenha contato com o fornecedor para acompanhar todos os detalhes.

Também é o momento de conferir aquela prévia que você acertou na encomenda para aprovar a peça. Nesse caso, o fabricante faz um produto-piloto, para você avaliar se está de acordo com o que pediu. Quanto mais ampla a personalização, maior é a chance de surgirem acertos a serem feitos. Veja onde o logotipo foi colocado, se a posição está correta (já pegamos logos de ponta-cabeça!). Se pediu para inserir algum texto em português, confira se está tudo correto (você é responsável pelo que está escrito ali, o fornecedor apenas aplica o que você mandou); se a fonte não está invertida (como quando você tira uma selfie e a foto fica invertida), entre outros detalhes. Seja minucioso no processo. Depois de aprovado e pronto, não dá mais para reclamar. Fique atento!

Aqui, mais uma vez pode entrar a figura do inspetor. Ele pode acompanhar a produção e verificar se o produto foi fabricado conforme descrito no pedido antes de ser feito o pagamento da segunda parte. Certa vez atendi um cliente que estava importando papel de parede. Para atestar a qualidade do produto, ele pediu ao inspetor que selecionasse rolos aleatórios e fizesse rasgos de cerca de 10 centímetros na folha. Nesse pequeno corte, ele conseguia saber se o papel tinha a qualidade desejada. É algo muito específico e que você precisa ter alguém lá para confirmar.

Caso esteja fora do que foi acordado, abre-se uma negociação com o fabricante, que pode ser um pedido de ajuste na peça, um desconto na encomenda, o envio de alguns produtos a mais ou até mesmo refazer toda a encomenda, com um novo prazo de entrega.

Transporte para o Brasil

A responsabilidade do fabricante termina quando o produto fica pronto e é liberado para retirada no país de origem. O envio para o Brasil e o valor a ser pago por isso é responsabilidade do importador, ou seja, sua.

Enquanto o produto estiver em produção, entre em contato com o agente de cargas com quem fez a cotação lá atrás e acerte a contratação. Você escolhe se vai mandar tudo em um contêiner fechado ou compartilhado. O fator decisório será o volume da carga, o valor do frete e a especificidade da carga. Há clientes que preferem bancar o contêiner, outros preferem compartilhar e baixar o custo. Analise tudo isso levando em conta seu planejamento financeiro e o tempo que levará para o contêiner sair. Se for compartilhado, o processo leva de sete a dez dias a mais, pois a carga vai para um armazém para ser juntada com as de outros importadores, antes de o contêiner ser carregado.

Combine com esse agente de cargas a data prevista de entrega da mercadoria, o contato do fornecedor, o endereço, como o material será coletado e onde será armazenado. Isso mesmo, porque, entre a disponibilização da encomenda pelo fabricante e a entrada no contêiner para ser despachado para o Brasil, seja via porto ou aeroporto, pode haver uma janela de alguns dias, e o material não pode ficar no fabricante.

O agente de cargas ficará responsável por toda a documentação necessária, o fechamento do contêiner e o despacho para o Brasil. Aqui é finalizada a etapa internacional e começa uma nova parte da importação.

Etapa intermediária: enquanto a carga não chega...

Como assim, uma fase intermediária, Rodrigo? Você falou em etapa internacional e nacional? Pois é, mas entre o despacho na China e a chegada ao Brasil, caso o frete seja marítimo, existe um período que vai de 35 a 45 dias. E o que você faz nesse tempo?

É normal a ansiedade bater. Para ficar mais calmo, acompanhe com o agente de cargas o trajeto da carga e se está tudo certo para a chegada ao Brasil.

Aproveite esse período para começar a pensar em estratégias de vendas, preparar um catálogo de produtos, organizar uma pré-venda e criar uma campanha de marketing. Se você vai vender por atacado e pretende participar de alguma feira do setor, pode pedir algumas amostras por frete aéreo para poder expor o produto.

Também é o momento de concluir a contratação de um despachante aduaneiro. Esse profissional é o responsável pelas atividades de liberação alfandegária da mercadoria e outras operações de comércio exterior, seja no porto ou no aeroporto. Para atuar, ele deve ser inscrito no Registro de Despachantes Aduaneiros da Receita Federal do Brasil[23] e também no Siscomex.

Há despachantes especializados em determinado tipo de produto. Se o que for importar é algo muito específico, com legislação própria ou que precise de alguma homologação, sugiro procurar um despachante experiente em sua área.

Assim que contratar o despachante, entregue toda a documentação referente à carga, uma procuração assinada, para ele o representar, e a previsão da chegada da encomenda.

É um momento estratégico, e não vale a pena ficar só pensando na carga que está vindo. Concentre-se nas próximas etapas.

Etapa nacional: desde a chegada ao Brasil até a entrega no seu endereço

Finalmente, depois de quase dois meses, a sua encomenda chegou ao Brasil. E agora?

---

23 RECEITA Federal do Brasil. Despachante aduaneiro. **Gov.br**. Disponível em: www.gov.br/receitafederal/pt-br/assuntos/aduana-e-comercio-exterior/manuais/subportais-aduana-e-comercio-exterior/intervenientes/habilitacao-em-sistemas-aduaneiros/despachante-aduaneiro. Acesso em: 15 set. 2024.

Etapa 6: a importação **143**

Aqui acontece a passagem de serviços. Sai de cena o agente de cargas que você contratou no país de origem da mercadoria e entra em ação o despachante aduaneiro.

Assim que uma carga é descarregada – ou, conforme dizemos, "está no chão" –, ela é lançada no sistema da Receita Federal e vai para o armazém ou pátio alfandegado, uma área internacional nos portos e aeroportos. Isso significa que, mesmo em terras brasileiras, ainda não dá para dizer que a carga está no Brasil. Nesse momento, ainda não é permitido ver a carga. Somente o despachante aduaneiro tem essa autorização.

E mais: essa área pertence ao Governo Federal e é administrada por uma empresa terceirizada. Você paga um valor, geralmente quinzenal (mas as regras mudam de um estado para outro, então é importante verificar), para usá-la como depósito enquanto acontece o despacho. Assim, quanto menos tempo ocupar esse espaço, melhor. Mas imprevistos acontecem, e você tem que estar preparado para isso. Se a Receita Federal entrar em greve, por exemplo, a sua mercadoria terá que ficar lá até o órgão voltar a funcionar, e o valor de armazenagem vai mudar. Mesmo sendo eventos raros, entenda que a responsabilidade é sua como importador, e esteja preparado para essa possibilidade.

Com base nas informações sobre a carga que você passou, o despachante aduaneiro vai fazer o registro da DI (Declaração de Importação). Trata-se de um documento on-line extenso, que requer horas para o preparo, com todas as especificações da carga, detalhe por detalhe.

Depois de concluído, o despachante informa ao importador, ou seja, você, que está tudo pronto e já pode transmitir o documento.

E por que ele precisa informar isso? Porque, assim que ele pressionar *enter* para a transmissão, são pagos no ato, em débito em conta, todos os impostos federais referentes à carga: II, PIS, Cofins e outras taxas específicas para o tipo de produto que estiver trazendo.

Depois que os impostos estiverem pagos, a carga está liberada para fiscalização da Receita Federal.

Fiscalização da Receita Federal

A Receita Federal é o porteiro da importação. Ela determina quem pode entrar ou não, porém seu objetivo é apenas cumprir as normas. Se você fez tudo direito e cumpriu a legislação, não há o que temer.

Além disso, lembre-se de que toda a carga passa por fiscalização. O que muda são os critérios que determinam a liberação, os chamados canais de parametrização, que analisam os riscos aduaneiros. Nessa inspeção são considerados alguns pontos, como regularidade fiscal; volume e características do produto; importações anteriores pela mesma empresa; valor da importação; destino e origem da carga; situação tributária, entre outros fatores.

Etapa 6: a importação **145**

Existem quatro canais de parametrização:

- Canal verde: a conferência é eletrônica. Nesse caso, não são pedidos documentos adicionais e a inspeção física é dispensada. Cerca de 95% das cargas passam em canal verde.
- Canal amarelo: a Receita Federal verifica a necessidade de conferência documental. Assim, o despachante aduaneiro é convocado para apresentar documentos que comprovem que a carga está compatível com a Declaração de Importação, que pode ser a *commercial invoice* ou até mesmo o histórico de conversa com o fornecedor. Guarde esse documento. Não sendo constatadas irregularidades, a carga é liberada.
- Canal vermelho: quando a Receita Federal determina que a carga deve passar por inspeção documental e física. Um fiscal, a seu critério, abre as caixas ou o contêiner e confere se a carga é compatível com a DI. Cair em canal vermelho atrasa o processo de liberação, pois será preciso aguardar a agenda disponível do fiscal para fazer a verificação. Tudo estando correto, a carga é liberada, ou pedem-se os ajustes necessários, como o pagamento de multa, se forem aplicáveis.
- Canal cinza: é o mais raro e o mais complicado. Além da verificação documental e física, aplicam-se outros procedimentos para verificar indícios

de fraude, como pirataria e subfaturamento. Quando a carga entra em canal cinza, a liberação leva noventa dias, prorrogáveis a cada noventa dias. Se sua importação cair em um canal cinza, contrate um advogado especializado em legislação aduaneira para assessorá-lo, pois, em alguns casos, a empresa perde a carga, que vai a leilão ou é destruída.

Retirada da mercadoria

Após a fiscalização ter sido realizada, o Siscomex emite o comprovante de importação e a mercadoria é liberada. Antes de retirá-la, porém, mais um imposto deve ser pago: o ICMS (Imposto sobre Circulação de Mercadorias e Prestação de Serviços). Como se trata de um imposto estadual, é recolhido pelo Estado em que seu CNPJ está registrado, independentemente de onde recebeu a carga. O próprio despachante aduaneiro emite a guia de recolhimento e, geralmente, faz o recolhimento pela sua empresa.

Feito isso, o próximo passo é emitir a Nota Fiscal de Entrada de Importação, documento que formaliza a entrada de produtos importados em seu centro de estoque. Essa responsabilidade é sua enquanto importador e deve ser emitida quando a mercadoria ainda estiver no porto ou aeroporto. Sem essa nota fiscal, ela não sai de lá.

O seu contador ou faturista deve ajudá-lo nessa tarefa, já que o preenchimento é feito com base na DI e há alguns pontos que a diferem da Nota Fiscal de Vendas. Não há incidência de impostos sobre a emissão dessa nota fiscal. Ela é uma representação, uma materialização de todo o processo de importação que está se encerrando nesse momento para a carga poder ser considerada "nacionalizada".

Para a retirada da mercadoria, contrate uma transportadora cadastrada no porto ou aeroporto. Motoristas não cadastrados não podem fazer esse serviço. Caso decida você mesmo retirar a carga, precisa agendar data e horário com o despachante aduaneiro e fazer um cadastro prévio.

Carga recebida, o despachante aduaneiro faz o fechamento do processo e os ajustes de contas, como o tempo de uso do armazém de importação e outros custos que tenham ficado em aberto, e o processo de importação é finalizado.

Quando for fazer tudo pela primeira vez, parece bem mais complicado do que realmente é, mas se contratar os profissionais adequados, realizar todos os procedimentos corretamente e tiver zelo pelo processo, não haverá problemas. Aos poucos, você vai se acostumando, e o processo vira quase automático.

Importar é uma maneira interessante de aumentar o lucro e ainda criar um produto com sua marca e que se diferencie de outros que existem no mercado. Isso é gerar valor, algo que posiciona seu produto de forma diferente do concorrente e faz o cliente querer pagar a mais pelo seu.

Tenho clientes que começaram importando 5 mil dólares e agora importam contêineres fechados, trazendo mais de 30 mil dólares em mercadoria a cada importação. E são vários contêineres por ano. Isso só mostra como é vantajoso esse caminho.

Já pensou como isso pode mudar sua vida?

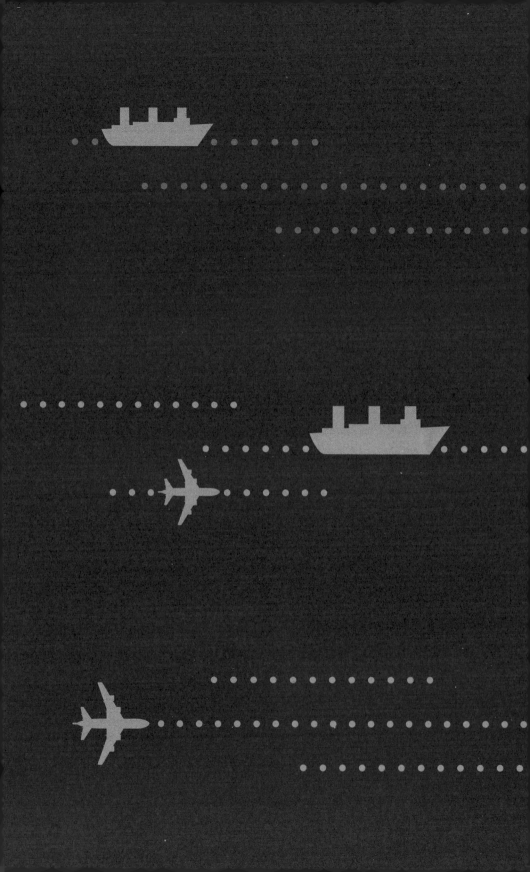

CAPÍTULO 10

Agora é só vender

Importar para me diferenciar", esse foi o pensamento de Matheus Barreto quando ele decidiu iniciar o processo de importação. Ter essa visão clara mudou o rumo de sua história, porque ele não tinha a intenção de importar só para aumentar a margem de lucro, queria agregar exclusividade em um mercado já dominado por produtos chineses. Ora, se fosse para comprar no Brasil o que já vinha de lá, então era melhor ele mesmo fazer o processo. Proprietário de uma empresa de acessórios para celular havia dez anos, ele passou um ano desenvolvendo todo o conceito de sua marca e unindo as características que ele queria em seu produto. Qualidade superior à de outros concorrentes estava no topo da lista. Ao iniciar a busca por fornecedores, encontrou um que entregava qualidade superior à que procurava e personalização a seu modo. Ele criou tudo no Brasil e mandou para a China, e isso não encareceu o produto. Ou seja, foi um bom negócio do começo ao fim do processo. Além disso, a sensação de ter sua marca estampada no produto é algo único para o empreendedor.

O próximo passo é trabalhar a marca para ser reconhecida no mercado. "Marca própria é um plano para o futuro. Eu fortaleço hoje a minha marca, crio desejo, e daqui a cinco anos será reconhecida no mercado", conta ele, que se prepara para a próxima importação e aumento da linha de produtos.

O que aconteceu com Matheus é um exemplo de tudo o que venho falando desde o começo deste livro. Importar é para todos, e você não precisa ser uma empresa com grande capacidade de investimento para começar. Com um valor inicial baixo, foco e planejamento, você já consegue fazer a primeira importação como teste e depois vai se planejando para as próximas. Na primeira importação, você coloca dinheiro. Com a venda das mercadorias, você paga o investimento, tem um lucro e já começa a se preparar para a próxima. E vendendo a própria marca. Como eu costumo dizer para os meus clientes: seja você a marca famosa.

Ter esse diferencial também o coloca em outro patamar quando for vender seu produto. A venda deixa de ser de produto por produto para se tornar de produto por marca. O cliente não mais procura apenas o produto, vai querer comprar a sua marca que está estampada ali.

É seu ponto de virada na jornada empreendedora. Por que viver de revender um produto de outro se você pode vender o próprio e ainda estipular sua margem de lucro sem depender de ninguém?

Você viu que há essa possibilidade e agora sabe que a importação, que antes parecia um processo distante da sua realidade, está em suas mãos.

O que precisa agora é vender o produto para finalizar essa jornada com sucesso e já pensar na próxima importação, porque o dinheiro que você vai fazer vem das suas vendas.

O caminho da venda

Quando um cliente compra um produto, esse ato pode ser considerado intencional – ele está precisando daquele produto e o adquire – ou espontâneo – ele vê o produto, se encanta e resolve levá-lo para casa. Já na venda não pode haver essa escolha. A venda tem sempre que ser intencional, pois não existe produto que se venda sozinho.

Um vendedor precisa criar o desejo no cliente, para que ele, intencional ou voluntariamente, acredite que seu produto é o que ele precisa. Criar sua marca própria, personalizar o produto da maneira que deseja, ajuda a criar um valor, tudo isso é apenas um elemento quando falamos em vendas.

Como já dito neste livro, quem vai começar a vender tem dois caminhos a seguir: vender no varejo, ou seja, direto para o consumidor (B2C), ou vender no atacado, distribuindo o produto para outras lojas o venderem (B2B).

Essas duas formas de venda têm características distintas. Por isso, conhecer cada uma é muito importante para decidir como vai trabalhar. Veja:

Agora é só vender **155**

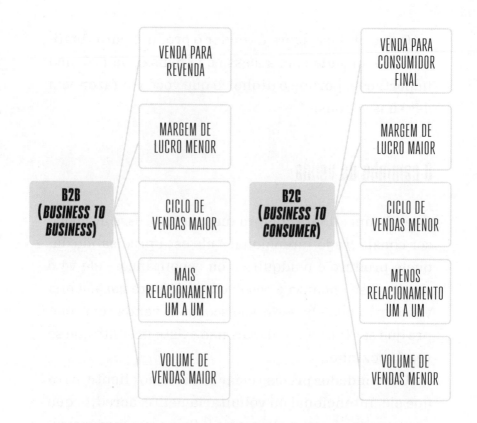

No mercado de atacado, o B2B, o volume de vendas é maior, pois quem revende o seu produto precisa de um estoque mínimo, mas sua margem é menor. Isso não significa que não haja lucro ou que o lucro seja menor. Mas você vai ganhar em cima da quantidade vendida, ou seja, do volume que, como já falei, é maior. Além disso, há um ciclo de vendas maior para vender, entregar e, consequentemente, para receber pela venda. Porque há a fase de cadastro, a espera do pedido, a análise de crédito, o agendamento da entrega e assim por diante.

Já nas vendas no varejo (B2C), você corta esse longo ciclo de vendas, porém a venda acontece em volume muito menor e não há garantia de que a pessoa volte a comprar de você. Por outro lado, quando você vende em grandes quantidades, a chance da recorrência é maior. A empresa que compra uma vez de você, vai precisar manter o estoque em loja e, consequentemente, refazer essa compra de tempos em tempos.

No fim, como você importou bem, consegue trabalhar com boas margens nas duas opções. É uma questão de escolha, planejamento e estratégia de negócio.

Antigamente, a importação era pensada somente para vendas no atacado. Poucas empresas resolviam importar para vender no varejo. Porém, como o processo foi se tornando mais acessível e as quantidades mínimas de produtos se tornaram menores, o número de importadoras voltadas para o varejo cresceu.

Aliás, se você ainda não tem uma empresa e não conhece a fundo o mercado em que vai atuar, é mais fácil começar com venda no varejo, porque não requer um investimento tão alto, portanto o risco é menor. Aos poucos, conforme for amadurecendo como empresa, você pode migrar para o B2B.

Uma opção é manter os dois modelos. É o que chamamos de atacarejo, que atende tanto o varejo quanto o atacado. Só que trabalhar nesse modelo de negócio depende de muito planejamento e organização, pois, apesar de pertencerem à mesma empresa, a atuação é diferente. Há tabelas de preços diferenciadas para cada um deles, e em alguns lugares até equipes de atendimento e vendas separadas. Para vender no atacado, usam-se os representantes comerciais, e para o varejo, as lojas físicas e/ou on-line.

Canais de vendas

Independentemente da sua opção, você vai precisar de canais de vendas, ou seja, escolher onde e como o seu produto será vendido. Você pode vender pelo meio físico ou on-line.

Venda física é aquela em que todo o processo ocorre presencialmente. Então, seu produto pode ser vendido em lojas de rua, lojas de shoppings, redes de lojas, feira do setor ou por meio de distribuidores e representantes comerciais.

Criar uma estratégia aqui é fundamental para o sucesso do seu negócio. Pense onde faz mais sentido o seu produto estar ou como pode expandir seu negócio. Se a ideia é vender no atacado, por exemplo, boas opções são as feiras do setor, como ABCasa e ABUP (ambas de decoração), Petsa (setor pet), Eletrolar (eletros e eletrônicos), entre outras. Pesquise as melhores feiras do seu setor.

Você monta um *stand* e consegue demonstrar os produtos, fazer contatos com representantes e clientes diretos e já tirar os primeiros pedidos enquanto os produtos estão vindo para o Brasil. Não precisa ter o estoque, já pode vender com entrega futura.

Da mesma maneira, existem as lojas de atacado. Funcionam como um *showroom*. O comprador vai até lá, conhece os produtos, define o que vai comprar e já faz o pedido. Ou os representantes comerciais vão visitar os clientes e vender seu produto.

Já as vendas on-line têm crescido, tanto para o atacado como para o varejo. Dentro desse universo, existem as plataformas de marketplace multinicho (Mercado Livre, Amazon, Magalu) e as nichadas (Leroy Merlin, Petlove, Madeira Madeira), em que você mesmo cria as ofertas e faz as publicações. A vantagem é que o alcance dessas plataformas é muito grande, porém você paga alta taxa por transação para estar lá.

Outra opção é ter o próprio e-commerce. Aqui, quem manda é você. **A plataforma de marketplace é a sua casa alugada. O e-commerce é sua casa própria.** Porém, como está sozinho, terá de cuidar de toda a estrutura por conta própria, inclusive criar uma estratégia de divulgação para levar o cliente até a sua loja virtual. Um e-commerce é uma loja no meio do deserto. Não dá para esperar que o cliente chegue espontaneamente à sua loja. E a melhor maneira de divulgar é por anúncios pagos.

As redes sociais e o WhatsApp também são boas formas de vender, mas para cada uma delas você vai ter que criar estratégias diferentes. Nas redes sociais, pode impulsionar as publicações por meio de posts pagos ou pode criar conteúdo e, a partir daí,

Agora é só vender **159**

contar com o alcance orgânico. Já no WhatsApp, funcionam bem as publicações em listas de transmissão e os grupos. Não ignore o WhatsApp, pois é a rede social de mensagens instantâneas mais usada pelos brasileiros. Quase 94% dos brasileiros que estão na internet usam o aplicativo, o que equivale a 142 milhões de usuários. O Instagram aparece em segundo lugar, com 136 milhões.[24] Mande ofertas, crie um QR Code e remeta o usuário para a sua loja virtual, faça um grupo de lançamento exclusivo, enfim, tudo aquilo que traga o consumidor para perto da sua marca.

Conheça o cliente

Mas como você vai escolher o tipo de oferta que vai mandar? Como saber se é melhor vender no físico ou no on-line? A resposta é simples: conhecendo o cliente. Ter um bom CRM (Customer Relationship Management) ou Gestão de Relacionamento com o Cliente ainda é algo desprezado por uma parte dos atacadistas e pelos varejistas também, e isso significa jogar fora uma rede de informações de extrema utilidade para o seu negócio.

---

24 KEMP, S. Digital 2023 Brazil. **Data Reportal**, 12 fev. 2023. Disponível em: https://datareportal.com/reports/digital-2023-brazil. Acesso em: 15 set. 2024.

É cada vez mais importante saber com quem você está falando, para quem vende, conhecer seus hábitos de consumo, seus hábitos de vida e suas dores. Todo mundo tem uma dor que precisa de uma solução. **Entender o cliente lhe dá uma caixa de ferramentas poderosa para se relacionar com ele e vender mais.** Quem conhece o cliente sabe que produto oferecer e até mesmo em que momento oferecer.

Dessa maneira, você tira possíveis atritos que possam aparecer na hora da compra e ainda oferece mais facilidades para esse cliente.

Certa vez, assisti a uma palestra do Marcio Waldman, fundador da Petlove. Ele explicava que o serviço de assinatura da plataforma surgiu depois que analisou os hábitos de consumo dos clientes. Ele reparou que alguns compravam ração em um mês e depois ficavam uns meses sem comprar, então quis entender o porquê disso e ligou para alguns desses clientes. Descobriu que eles esqueciam de recomprar a ração e, quando se davam conta, já não dava mais para pedir pelo site, por causa do prazo de entrega, e então corriam em qualquer petshop e faziam a reposição necessária.

Daí surgiu a assinatura. Com esse serviço, o cliente recebe a ração e outros produtos de maneira recorrente, sem nem precisar fazer o pedido. O sucesso é tanto que o serviço de assinaturas representa 65% da receita da companhia,[25] que previa faturar, somente em 2024, 1,8 bilhão de reais.[26]

No começo, você vai ter que estudar o mercado e se apoiar em exemplos da concorrência ou de empresas "referência" para descobrir esses hábitos. Depois disso, vai ter uma base de clientes e conseguirá esmiuçar cada vez mais essas preferências. O importante é sempre estar perto dele.

Se lá no começo você escolheu vender tal produto porque tinha afinidade com ele, agora é hora de se fixar no cliente e entender do que ele gosta para oferecer esse mesmo produto da maneira mais atrativa.

Modelo AIDA

Quando falamos em comportamento do cliente, precisamos entender também, além de seus hábitos, qual

---

25 FRANGIONE, B. Petlove: como a startup que nasceu como petshop on-line virou sucesso. **Startse**, 7 abr. 2021. Disponível em: www.startse.com/artigos/petlove-como-a-startup-que-nasceu-como-petshop-online-virou-sucesso/. Acesso em: 15 set. 2024.

26 GRATÃO, P. Petlove anuncia expansão com franquias e quer faturar R$ 100 milhões com pet shops em bairros. **Pequenas Empresas & Grandes Negócios**, 7 mar. 2024. Disponível em: https://revistapegn.globo.com/franquias/noticia/2024/03/petlove-anuncia-expansao-com-franquias-e-quer-faturar-r-100-milhoes-com-pet-shops-em-bairros.ghtml. Acesso em: 15 set. 2024.

é a melhor maneira de conduzi-lo durante o funil de compras. Daí surgiu o modelo AIDA, introduzido pelo americano Elias St. Elmo Lewis, considerado o pioneiro da Publicidade e Propaganda, em 1898.[27] Se na época ele já falava sobre a importância disso, imagine a proporção agora, com concorrência muito maior e os mais diversificados canais de venda.

AIDA é o acrônimo de:

- **A**tenção: o objetivo é fazer o cliente perceber o seu produto.
- **I**nteresse: o objetivo é fazê-lo entrar na loja ou clicar no link para ser direcionado para um site ou a página de venda.
- **D**esejo: o objetivo é fazer o cliente entender que aquele produto atende às suas necessidades e que é o ideal para ele.
- **A**ção: o objetivo é que ele feche a compra sem intercorrências. Nada pode atrapalhá-lo nesse momento.

Todo mundo, quando compra alguma coisa, seja uma camiseta ou uma casa, passa por esses quatro pontos de maneira inconsciente. Quer ver como? Passeando pelo corredor de um shopping, você vê uma

---

27 SERRANO, D. O modelo AIDA. **Portal do Marketing**, 5 dez. 2006. Disponível em: www.portaldomarketing.com. br/Artigos/O_Modelo_AIDA.htm. Acesso em: 15 set. 2024.

vitrine bonita (atenção). Para e resolve entrar na loja (interesse). Pega o produto, pergunta o preço, experimenta (desejo) e decide comprá-lo (ação). Eu tenho certeza de que isso já aconteceu com você!

Se todo mundo passa por essas quatro etapas, então você tem que criar estratégias para cada uma delas para levar o cliente até o carrinho de compras. Como chamo a atenção? Como gero interesse? Como crio o desejo? Como convenço-o a comprar?

Pense bem em cada uma das etapas, sempre alinhando-as com o perfil do cliente e com o canal de vendas que escolheu para vender o seu produto. Se vai vender no físico, pode ser uma mudança na vitrine, uma experiência de loja, uma maneira de pagamento diferenciada. Se a venda é on-line, pode ser uma mudança no layout do site que chame a atenção do cliente, uma maneira de ver o produto em detalhes ou uma entrega rápida ou frete grátis.

Estratégias de alavancagem

Outro fator importante que ajuda na sua estratégia de vendas e de escala é entender as métricas do negócio: os números que mostram como está o desempenho da empresa e se as estratégias adotadas estão sendo eficazes.

A saúde financeira da empresa, ou seja, o lucro no fim do mês, é uma métrica, mas existem outras que têm que ser monitoradas ao longo do mês para resultar na lucratividade desejada. Veja as mais básicas, e que precisam fazer parte da estratégia de qualquer empresa:

1. *Número de visitas:* quantas pessoas entram na sua loja, seja virtual ou física, em um determinado período? Pode ser um mês, quinze dias, uma semana. Você tem que determinar o que é melhor para a sua empresa.
2. *Número de interessados:* desse total, quantos pedem alguma informação sobre o produto?
3. *Número de vendas:* quantas vendas são efetuadas dentro desse período selecionado?
4. *Ticket médio:* das pessoas que compram, qual é o valor médio gasto?

Com essas informações, você consegue focar as estratégias corretas para alavancar as vendas. Então, se você constata que sua loja está com poucas visitas ou o número está estável, tem que investir em mais divulgação, fazer mais propaganda. Quanto mais clientes entrarem em sua loja, mais chances de vender. Mas, se você vê que o interesse é baixo e as vendas não acontecem, tem que aumentar a conversão, ou seja, vender para mais clientes do que atualmente. Para isso, invista em um atendimento melhor, pense na experiência do cliente, crie produtos ou serviços que facilitem a vida desse cliente, como o caso da Petlove, e o ajude a comprar mais.

Por fim, sempre pense em estratégias para aumentar o ticket médio do cliente. Pode ser um *upsell* (incentivar o cliente a comprar uma versão mais completa do mesmo produto), a criação de um produto complementar (ele compra um produto e por um pequeno valor adicional leva outro produto – compra a pipoca e leva o refrigerante, compra o aromatizador de ar e leva um óleo essencial, compra a capinha para o celular e leva a película de proteção) ou a criação de um kit de produtos, como maquiagem e higiene pessoal ou algo do tipo. Esses são alguns exemplos para você se inspirar e criar algo para o seu negócio.

Portanto, quando falamos em aumentar as vendas, você tem sempre que pensar na tríade:

Vamos mostrar isso na prática. Imagine que você tenha uma loja com 50 clientes e que sua taxa de conversão seja de 20%. Isso significa que, desse total, 10 compram algum produto a um ticket médio de 300 reais. No fim das contas, o faturamento é de 3 mil reais. Agora, se você conseguir aumentar esses índices em 20%, terá uma reação em cadeia. De 50 clientes passa para 60; de 10 vendas passa para 12; do ticket de 300 reais passa para 360. Isso significa um faturamento no mesmo período de 4.334 reais. Ou seja, aquele esforço pequeno em cada ponto de conversão resultou em um aumento de 44% no faturamento. É um ganho exponencial, sem aumentar o preço do produto.

Vender e receber são a ponta final do projeto de importação. Quando você chegar ao fim do mês e constatar que seu negócio está entrando em uma nova realidade, vai entender a sensação do meu cliente Matheus, cuja história contei lá no começo deste capítulo, que se emocionou quando se deparou com sua marca própria estampada no produto.

Você tem em mãos um método completo para entrar em uma nova realidade no seu negócio. Acredite!

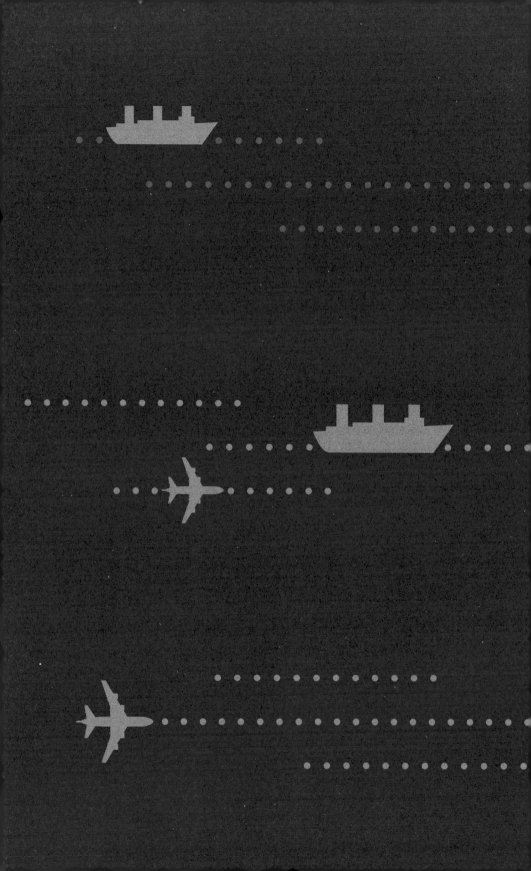

CAPÍTULO 11

A sua mudança de vida começa já!

CAPÍTULO 11

A sua mudança
de vida
começa já!

No começo deste livro, falei sobre o medo e como as pessoas não começam o processo de importação por causa desse sentimento. Até deixei a célebre frase: se está com medo, vá com medo mesmo. Entendo esse sentimento, porque trazer produtos de outro país, começar a vender e lidar com um mercado a ser desbravado dá mesmo aquele frio na barriga. Porém isso não pode ser encarado como algo negativo, mas sim como uma vontade de conhecer o novo, desafiando-se a cada dia.

Quem vive do comércio já conhece bem essa gangorra. Por mais que haja uma previsão, nem sempre ela se concretiza, e o risco de um prejuízo parece algo iminente a cada dia. Por isso, a margem de lucro tem que ser alta. Algo que a importação permite. Numa falha, você faz promoção de todo o estoque, recupera o dinheiro e parte para a próxima importação.

Mas você não tem por que temer, porque aprendeu um método que já foi aplicado por milhares de pessoas que estão desfrutando dos benefícios da importação. Eu me emociono quando escuto depoimentos como o do Carlos Eduardo, que começou a importar por causa de uma necessidade, quando foi demitido, e decidiu que precisava mudar sua realidade. "Com a importação, pude proporcionar para o meu filho caçula coisas que não pude dar para a minha filha mais velha. Hoje nós viajamos, vamos a um restaurante quando queremos, aproveitamos mais a vida como família. Tudo mudou para a gente." Carlos Eduardo seguiu o passo a passo que ensinei neste livro e já na primeira importação quintuplicou o investimento feito. Por que isso é possível?

Porque ele confiou primeiro em si mesmo e depois no método que ensinei. A importação é um processo complexo e longo, mas totalmente possível. E você pôde ver isso neste livro.

Há vinte anos faço esse caminho de ida e volta à China várias vezes ao ano, e sempre me surpreendo com a quantidade de oportunidades, da mesma forma que me encantei quando fui pela primeira vez. Senti que precisava dividir esse conhecimento, para que mais pessoas aprendessem a importar, e continuo nessa minha missão. Nem todo mundo que ler este livro vai começar a importar, mas **todo mundo que vai importar tem que ler este livro.** Se mais pessoas aprenderem a importar, vamos mudar a realidade de muitos empreendedores.

O que você precisa é dar o segundo passo, porque o primeiro já foi dado. Agora é só colocar em ação tudo o que aprendeu. Se o primeiro produto não vendeu como queria, tente o segundo, o terceiro, o quarto. Siga em frente e não desista.

TODO MUNDO QUE VAI IMPORTAR TEM QUE LER ESTE LIVRO.

IMPORTAÇÃO INTELIGENTE
@rodrigogiraldelli

O seu futuro é uma página que você pode começar a escrever a partir de agora, com a importação e a criação da sua marca própria. Eu vejo crescimento em suas vendas, o desenvolvimento do seu negócio, um setor de expedição que não para de entregar caixas para as transportadoras, muitas notas fiscais sendo emitidas, mais contratações, colaboradores felizes, um churrasco no fim de ano com todas essas pessoas unidas e firmes no mesmo propósito: fazer a sua empresa crescer cada vez mais.

Vejo também a sua família feliz, você se tornando referência no mercado e indo para a China negociar diretamente com os fornecedores, dado o volume das encomendas.

Este livro é o começo de um novo mundo. Ao concluir essa leitura, quero que vá direto para o Alibaba ou qualquer outro site de venda de produtos internacionais e pesquise novos produtos. Depois, faça uma lista daqueles que achar mais interessantes, comece a fazer as cotações e avance. Não espere o produto perfeito nem o momento perfeito. Isso não existe. A vida é de quem faz, e "a única maneira de saber se qualquer ideia pode vingar é testando-a", como diz Rick Rubin no livro *O ato criativo: um modo de ser.*[28]

Então, por que esperar mais? **O sucesso pertence àqueles que colocam as ideias em prática.**

---

[28] RUBIN, R. **O ato criativo**: um modo de ser. Rio de Janeiro: Sextante, 2023. p. 115.

Agora, respire fundo, pegue um café ou uma água e comece sua pesquisa. E tenha sempre em mente que **quem importa com marca própria, lucra o dobro da concorrência e sai da guerra de preços.**

E, se precisar de alguma coisa, disponibilizamos vários vídeos sobre o tema em nosso canal no YouTube e nas redes sociais da China Gate.

Estamos juntos, e bora importar!

Este livro foi impresso
pela gráfica Assahi em
papel lux cream 70 g/m²
em novembro de 2024.